Christian Hardinghaus

Mindfuck Stories

Über den Autor

Christian Hardinghaus wurde 1978 geboren. Er lebt in Osnabrück und ist ausgebildeter Fachjournalist, promovierter Historiker und Filmwissenschaftler. Aus seiner Feder stammen bisher wissenschaftliche und journalistische Publikationen, die sich geschichtlichen und psychologischen Themen widmen. Spezialisiert hat er sich auf Propagandaforschung (*Filmpropaganda für den Holocaust*), Vorurteilsforschung (*„Der ewige Jude" und die Generation Facebook*) und filmische Manipulationstechniken (*Mulholland Drive: Die Entschlüsselung*). Er setzt sich an Universitäten und Schulen für Medienerziehung ein. Mit *Mindfuck Stories* legt er sein erstes belletristisches Werk vor.

Impressum

© 2013 Christian Hardinghaus

Verlag: PRovoke Media | Osnabrück

Design/Umschlag:

Christina Kasperczyk | von grau | Osnabrück

1. Auflage | Dezember 2013

ISBN 978-3-9816409-2-2

Printed in Germany

Die Deutsche Nationalbibliothek verzeichnet diese Publikation in der Deutschen Nationalbibliografie; detaillierte bibliografische Daten sind im Internet über http://dnb.d-nb.de abrufbar.

Inhaltsverzeichnis

Vorspiel

Mindfuck: Wahrscheinlich ist Ihnen dieses Wort irgendwo zwischen Videothek und Internet schon mal begegnet. Vielleicht sind Sie auch bereits Fan von skurrilen Geschichten und haben sich gerade deswegen dieses Buch zugelegt? Doch was genau ist das eigentlich, ein *Mindfuck*? – zumindest kein literarischer Begriff, schon gar nicht die Bezeichnung für ein Genre. *Mindfuck* ist ein Effekt, hervorgerufen durch eine völlig unerwartete und überwältigende Wendung in einer Handlung.

Anfang der 2000er Jahre, nachdem Filme wie *The Sixth Sense*, *Fight Club* oder *Mulholland Drive* Kinobesucher in gleichem Maße fasziniert wie ungläubig in den Sesseln zurückgelassen hatten, tauchte der Begriff in amerikanischen Filmforen auf. Eine geeignete deutsche Übersetzung gibt es nicht. *Kopfverdreher* klingt zwar weniger vulgär, wird dem Effekt aber nicht gerecht. Meine Kurzgeschichten sollen zeigen, dass *Mindfuck* auch in der Literatur einschlägt. Sie offenbaren am Schluss mehr als nur eine Pointe, sie sind einfach noch *durchgedrehter*!

Ich wünsche Ihnen viel Spaß beim Lesen und natürlich viele, nachhaltige *Mindfucks*!

Fensterpatientin

Ich hocke wie jeden Tag am Fenster meines Zimmers im zweiten Stock der psychiatrischen Kinderklinik. Die Fensteröffnung ist gekippt und ich kann das feuchte Gras riechen. Ich liebe die Gerüche aus dem Krankenhauspark, besonders, wenn es im Sommer geregnet hat. Ich hebe den Kopf und strecke meine Nase so weit es geht durch den Fensterspalt. Ich sauge ihn auf, den süßlichen Duft der gelben Teichrosen, die auf dem kleinen Tümpel direkt unter meinem Fenster schwimmen. Weiter hinten auf der Wiese hat der Gärtner angefangen, das Beet mit den Tulpen zu beschneiden. Die Vögel unterhalten sich jetzt wieder. Ich höre das Zwitschern und Schnarren der Schwalben auf den Apfelbäumen und das Tschilpen der Spatzen, die neben der Bank vor dem Teich ein paar Brotkrumen gefunden haben. Ich mag Singvögel und fühle mich von ihren Tänzen auf dem nassen Kiesweg wie magisch angezogen.

Zu gerne würde ich einmal auf dem Weg wandern.

Doch es geht nicht, denn ich kann mein zu Hause nicht verlassen. Oft versuchte ich es, lag stundenlang zitternd wie ein verängstigter Hund vor der offenen Wohnungstür und krallte mich am Boden fest. Ein Bein über die Schwelle bekam ich nie und habe es eines Tages aufgegeben. Im Freien bewegte ich mich mein ganzes Leben nicht, und wenn doch, so kann ich mich nicht erinnern.

Ich akzeptiere das jetzt, auch wenn es schwerfällt und wehtut. Ich bin gefangen und doch nicht einsam. Mein kleines Herz steckt voller Sehnsucht und dennoch spürt es Geborgenheit und Wärme. Bevor ich in die Klinik kam, war es nicht so. Früher lähmte mich die Furcht und hin und wieder nagt sie auch heute noch an meinem Kopf wie ein gefräßiger Biber an einer Kiefer. Dann kommen die Erinnerungen zurück: ein dreckiges, dunkles Kellerloch, Panik, Einsamkeit. Er fesselte mich mit einer Eisenkette, die sich so tief in meine Haut gebohrt hatte, dass ich dort, so lange ich lebe, durch hässliche, wulstige Narben entstellt bleiben werde.

In meinem Gefängnis war es dunkel wie eine Mitternacht in mondloser Nacht, der steinharte Betonboden, auf dem ich kauerte, kalt wie Eis. Mir gehörte ein Kissen, das ich mir abwechselnd unter Kopf und Gesäß schob. Ich klapperte mit den Zähnen und mich quälte der unerträgliche Hunger. Jeden zweiten Tag kam er, der böse bärtige Mann, der mich nie anschaute und nie ein Wort zu mir sprach. Er stellte mir dann zwei Schalen auf den Boden, eine mit Wasser, eine mit einem klumpigen, grässlichen Brei. Mir schießt die bittersüße Galle in den Hals bei dem Gedanken an diesen Fraß, der nie satt machte und nach billigem Katzenfutter schmeckte. Ich versuche, die Bilder, in denen ich mich selbst in meinen eigenen Exkrementen winden sehe, zu verdrängen, so gut es geht. Mitunter, wenn der Mief auch für meinen Schänder unerträglich stank, spritzte er mich und die Steine mit einem Schlauch ab und die übel riechende Pampe schwappte in einen Abfluss. Warum hatte er das mit mir gemacht? Wozu? Ich wünschte mir an manchen Tagen nichts sehnlicher, als dass er mich einfach umbringt.

Ich habe oft darüber nachgedacht, wie ich in diesen Keller geriet, der kaum größer war als die Besenkammer in der Wohnung, in der ich jetzt lebe. Aus einem Fenster konnte ich damals nicht schauen. Das einzige Licht kroch unter der Türschwelle hindurch, die ich nie in der Lage war, zu erreichen. Heute kann ich vor lauter Angst

9

durch keine Haustür gehen. Es wird irgendwie miteinander in Verbindung stehen. Ein Wunder, dass meine Augen gesund geblieben sind und ich heutzutage bei Tag wie bei Nacht gut sehe. Jede lange Stunde grübelte ich damals darüber nach, was vor dem Keller gewesen sein mochte. Doch ich konnte und kann mich nicht entsinnen. Andere Menschen als den Bärtigen kannte ich nicht. Besuch bekam ich nur von Käfern, Fliegen oder Mäusen, die zuweilen unter der Tür hindurchkrabbelten. Ich freute mich immer, wenn das passierte. Kamen sie dicht genug an mich heran, erwischte und verschlang ich sie. Es ist nichts Schlimmes daran, Aas- und Kellertiere zu verzehren, denn sie besitzen keine Seele. Die Tiere waren mein kleines Geheimnis vor ihm.

Als man mich fand, überzogen eitrige Geschwüre meinen Rücken. Ich konnte nicht aufrecht gehen und das Zahnfleisch war bis auf die Knochen zurückgewichen. Magen und Darm steckten voller Pilze und Würmer, und auf mir lebten Flöhe. Ja, *Flöhe*! Er hielt mich wahrhaftig wie einen schäbigen Köter. Über Monate oder Jahre muss das so gelaufen sein. Aber warum? Ich will doch nur wissen, wer ich bin und woher ich all das weiß, was ich weiß. Man schätzt mich auf etwa acht Jahre. Aber niemand gibt mir Antworten und es setzt sich nicht das

Geringste zusammen. Die Ärzte konnten mir bis heute nicht helfen, denn ich kann nicht sprechen. Ich bin mir nicht mal darüber bewusst, ob ich der Sprache je mächtig war. Dabei soll ich an keiner körperlichen Erkrankung leiden und ich gelte als überaus intelligent. Das Einzige, was meine Stimme jedoch hervorbringt, ist ein leises Brummen. Ich brumme, wenn ich Hunger habe, wenn ich müde bin, wenn ich mich geborgen fühle. Ich brummte schon im Keller. Das Brummen beruhigt mich irgendwie.

Beschützt werde ich jetzt von Manuela, die im Zimmer nebenan wohnt. Wir teilen uns in der Wohnung Küche, Bad und Wohnzimmer. Sie war da, als ein Pfleger mich herbrachte. Auch der hatte mich in Ketten gelegt, nachdem ich um mich geschlagen und ihn gebissen hatte. Hinweise auf meine Herkunft und auf Angehörige fand man später nicht. Manuela kümmerte sich von Anfang an um mich, nahm mich in den Arm, gab mir einen Namen, den ich vorher nie besaß. Ich heiße Emma, einfach nur Emma.

Manuela erzählte mir, wie mich ein Polizist bewusstlos, verdreckt und vollkommen abgemagert aus

11

dem Keller gezogen hatte. Ich lernte diesen Menschen nie kennen und hörte auch nichts mehr von dem Mann, der mich so lange gefoltert hatte. Doch das ist jetzt egal, ich will mich nicht rächen. Meine Manuela ist meine Rettung und ich fühle mich auf die eine oder andere Weise zu Hause.

Manuela wollte mich, sie hatte nach mir gefragt. Ohne mich sei sie selbst einsam und unglücklich gewesen, sagt sie. Sie spricht zu mir, wenn sie zu Hause ist. Sie redet mit mir über alles: ihren Arbeitstag, die psychisch kranken Kinder und deren Probleme, ihre eigenen Schwierigkeiten mit Kollegen und Männern. Sie tut das, auch wenn ich nicht antworten kann. Aber ich höre aufmerksam zu, das spürt sie. Manuela sagt, sie liebe meine weichen, pechschwarzen Haare und streichelt sie stundenlang. Sie lässt nachts ihre Zimmertür für mich auf, und sollte ich mal frieren, darf ich mich zu ihr ins Bett kuscheln. Sie legt mir Baldrian unter das Kissen.

Ich blicke aus dem Fenster, ich habe heute lange nachgedacht. Die Sonne wird bald hinter den Birken im Park verschwinden. Eine Fliege findet gerade ihren Weg durch die schmale Fensteröffnung und zappelt an der Scheibe. Surrend dreht sie kleine Kreise und klatscht ein ums andere Mal an das Glas. Es nervt mich tierisch. Ich weiß aber, wie man Fliegen tötet, ich habe es gelernt. Ich ducke mich, spitze meine Ohren und fixiere das schwarze Insekt mit beiden Augen. Meine Pfoten vibrieren, ich schlage zu, schneller als die klebrige Zunge der Kröte, die unten am Teich kauert. Meine Beute bekommt keine Chance, ich erwische sie mit der Kralle und sie fällt leblos auf die Fensterbank, auf der ich sitze. Ich schnuppere erst an der Fliege, dann kaue ich und fresse sie. Obwohl ich das natürlich nicht müsste. Denn gleich macht Schwester Manuela Feierabend und kommt zurück in das Personalwohnheim der Klinik, in dem auch ich lebe. Sie wird meinen Napf mit den braunen Körnern füllen, die manchmal nach Rind und manchmal nach Lachs schmecken. Sie wird mich auf den Schoss nehmen und mit mir schmusen. Ach, wie schön der Gedanke ist. Ich brumme.

Der Baumjunge

Acer Campestre – ein Feldahornbaum – vielleicht 15 Meter hoch. Mit dem Rücken auf dem kalten, leicht feuchten Laub lag Lukas unter diesem, wie er wusste, Seifenbaumgewächs. Er befand sich wenige Zentimeter neben dem Stamm, sodass er die graubraun gefärbte Rinde riechen konnte. Etwas modrig, aber dennoch frisch. Eine interessante Mischung, sie gefiel ihm. Er blickte an dem kräftigen Baumstamm hoch, zwischen den vielen Zweigen empor bis unter die Baumkrone. Es war Spätsommer. Die äußeren Ränder der dreilappigen handtellergroßen Blätter waren bereits gelblich gefärbt. Bald würden sie abfallen und später die Äste von Schnee bedeckt sein. Eine schöne Vorstellung.

Den zehnjährigen Jungen unter dem Baum interessierten Pflanzen im Allgemeinen, Biologie war sein Lieblingsfach und er wusste mehr über europäische Vegetation als jeder andere in seiner Klasse, vielleicht sogar mehr als die Lehrerin. Vor ein paar Tagen hatte er diesen Ahorn entdeckt und war wiedergekommen. Er war hier allein. In der Nähe sang ein Rotkehlchen und die Abendsonne streifte sein Blickfeld. Es fühlte sich so schön an, zwischen den vielen grünen Fichten mit ihren braunen Zapfen, die er aus dem Augenwinkel wahrnahm, zu liegen Schon komisch, Nadelgewächse fand er nicht ganz so reizvoll wie Laubbäume. Vielleicht, weil die sich nicht so veränderten, nicht so intensiv lebten und erlebten wie Bäume, die ihre Blätter im Herbst verloren und sich im Frühjahr wieder zu voller Pracht entwickelten. Er sinnierte darüber, wie kurz doch sein eigenes Leben sein würde. *Acer Campestre* über ihm dagegen würde bestimmt 200 Jahre alt werden. Wie alt er jetzt wohl war? Ziemlich alt, dachte Lukas.

Ein Fink flatterte in den Baum und setzte sich auf einen der dünnen Zweige. Seine Flügel waren grau gefärbt, sein Bauch rot wie ein Ziegelstein. Ob das ein Fichtenkreuzschnabel war, der einen Ausflug auf den Ahorn wagte? Würde passen! Er wollte nachher noch mal in seinem Ornithologiebuch nachschlagen. Mit seinen dunkelbraunen Augen gaffte der Vogel dem Jungen direkt ins Gesicht, zerkaute dabei irgendwas in seinem Schnabel. Ein wenig mitleidig sah er aus, aber dabei fast ein bisschen wie er selbst: die braunen Augen, die roten Haare. Eine erheblich seltene Mischung unter

15

Menschen wie auch unter Tieren. Lukas hatte Durst. Er hatte vergessen, etwas zu trinken mitzunehmen. Lange würde er das nicht mehr aushalten und nach Hause gehen müssen. Doch noch ein wenig wollte er die Natur beobachten und beschnuppern, das Rauschen, der sich im Wind wiegenden Blätter belauschen. »Ich glaube, Ahorn ist jetzt mein absoluter Lieblingsbaum«, sagte Lukas laut genug für den Fink, sich zu entschließen, weiterzufliegen.

Der Junge dachte an die weiß-rote Flagge von Kanada, die von einem Ahornblatt geschmückt wurde. Gute Idee, warum hatte Deutschland sich nicht so was Cooles ausgesucht? Blätter fand er friedlicher und einfach passender für eine Demokratie als Raubvögel. Sein Geschichtslehrer sollte ihm das mit dem Adler als Staatssymbol mal erklären. Lukas mochte Ahornsirup auf Erdnussbutter. Er bekam langsam Hunger. Er würde wirklich bald nach Hause gehen müssen, sicher wartete Mama bereits mit dem Essen. Aber Ahornsirup würde es bestimmt wieder nicht geben, obwohl er seine Mutter erst letzte Woche noch mal gebeten hatte, den zu kaufen. Lukas dachte daran, wie seine Mutter jetzt in der Küche stand und Gemüse schnippelte. Aber das *essbare* Grünzeug war nicht so sein Fall, also blieb er doch noch einen Moment. Er konnte sich nun etwas ausruhen.

Abstand gewinnen von seiner Klasse, von Oleg, Daniel und Svenja, die ihm so auf die Nerven gingen. *Auf die Nerven*. Das passte kaum. Sie verspotteten ihn, nannten ihn Feuerlöscher und spuckten in seine Brotdose. Die anderen Kinder sahen dabei immer zu, Manche lachten laut.

Lukas hatte keine Freunde in der Klasse. Nicht einen Einzigen, der zu ihm hielt. Zum Lehrer ging er wegen der Drangsalierungen nicht. Das hatte er nur einmal gemacht, als ihn Oleg und Daniel in der großen Pause in der Mülltonne eingesperrt und sie mit einem Fahrradschloss zugekittet hatten. Dem Hausmeister, der ihn nach dem Unterricht dort gefunden hatte, hatte er erzählt, dass es eine Mutprobe gewesen sei. Als der ihm ein Handtuch gebracht hatte, damit er sich den Joghurtschleim und die stinkenden Obstschalen aus Gesicht und Haaren wischen konnte, hatte Lukas ihn gebeten, keinem etwas zu sagen, es sei alles in Ordnung mit ihm. Am nächsten Tag hatte er sich nicht in die Schule getraut und sich den Vormittag am See hinter dem Schulgelände versteckt. Das hatte Ärger gegeben.

Er erzählte damals seinem Biolehrer, den er aus dem

Kollegium noch am coolsten fand, die Geschichte mit der Mülltonne und musste sie danach beim Rektor wiederholen. Oleg und Daniel bekamen das ordentlich zu spüren. Beide erhielten eine Verwarnung und eine Sechs in Betragen. Wie er später erfuhr, hatte Daniel von seinem Vater eine fette Tracht Prügel einstecken müssen. Das zahlten sie Lukas heim, jeden Tag nach der Schule, drei Wochen lang schlugen und traten sie ihn. Seinen Eltern erzählte er, wenn sie seine Wunden und Quetschungen bemerkten, er würde an einer Box-AG teilnehmen. Seine Mutter tobte einmal wie von Sinnen, als er mit einem blauen Auge nach Hause kam, das er nicht mehr öffnen konnte, und wollte ihm das Boxen verbieten. Aber sein Vater redete ihr das aus, denn er fand das wohl gut: »So lernst du, dich in Zukunft richtig zu wehren, und hörst auf, nur in deinen Sachbüchern zu lesen. Aus dir soll noch ein ganzer Kerl werden.«

Wenn die Lehrer ihm etwas ansahen, sagte er, er sei außerschulisch in einem Boxverein. Öfters guckten sie komisch, aber weder stellten seine Eltern den Lehrern, noch die Lehrer den Eltern Fragen. *Gut so!*

In den letzten Wochen war alles noch abscheulicher geworden. Svenja hatte ihn Hexer genannt, natürlich auch wegen seiner roten Haare. »Hex«, zischte sie von hinten, wenn Lukas im Unterricht etwas beitrug. Er meldete sich seitdem kaum mehr. Gute Noten schrieb er trotzdem. Im ganzen Jahr hatte er in fast allen Fächern nur Einsen bekommen, sogar in Sport. Nur in Englisch hatte es eine Drei gehagelt. Die Sprache lag ihm einfach nicht so. In der Oberstufe sollte er wirklich überlegen, ein halbes Jahr in Kanada zu verbringen. Oder gleich ein volles, vielleicht bekäme er so die Chance, trotz guter Noten, ein Schuljahr zu wiederholen. So wäre er zumindest im Unterricht die Typen los, die ihn so peinigten.

»Hexer müssen brennen«, hatte Svenja gesagt und das hatte ihm beileibe Angst gemacht. Warum musste sie so gemein sein? Seit dem Kindergarten war er in sie verliebt. Ihr Charakter war zwar hässlich, aber Svenja war wunderschön. Lange blonde Haare, aus denen sie zwei Zöpfe flocht, die Augen blau wie Enzianblüten, und sie guckten gar nicht böse. Doch *sie*, sie war böse, das stand außer Frage. Womöglich aber war sie auch einfach neidisch, weil sie die Schlechteste in der Klasse war und er der Beste. In Bio und Mathe hatte sie eine Sechs und sie würde dieses Jahr wohl sitzen bleiben. Dabei hätte Lukas ihr alles erklären können. Er hatte

19

sich so oft vorgestellt, wie er mit ihr auf seinem Bett die Bücher über Evolution und Fotosynthese las und sie durch *seine* Hilfe die Schularbeiten besser machte. Aber Svenja zog lieber mit diesen Idioten Oleg und Daniel um die Häuser, die im Unterricht fast so leistungsschwach waren wie sie selbst. Ihre falschen Freunde rauchten und Lukas wusste, dass die drei auch schon Bier tranken und dann die Laternen in ihrer Nachbarschaft austraten und Häuserwände mit Farbdosen besprühten. So wollte er nicht sein! Schade, dass Svenja da mitmachte. Einmal hatte er sie gesehen, hinter dem Supermarkt in seiner Straße, wie sie Daniel küsste. *Der liebt die doch gar nicht, das ist einfach ungerecht!*

Lukas hörte auf zu grübeln. Das Rotkehlchen sang nicht mehr und die Baumkrone lag im Schatten. Er fror und es wurde Zeit, zu gehen. Er wollte aufstehen, er konnte nicht. Mit aller Kraft versuchte er, noch einmal mit den gefesselten Händen und Füßen an den Pflöcken zu zerren, an die sie ihn mit gespreizten Armen und Beinen fixiert hatten. Wahrscheinlich hatten die Drei mit Absicht diese Stelle unter dem Ahornbaum gewählt, denn schon im Mittelalter hatten Ahornblätter als wirksamer Schutz gegen Hexenzauber gegolten, obwohl, das zu wissen, dafür waren sie zu doof. Aber *er* wusste es, verstand es jedoch nicht. *Acer Campestre* war doch so schön und friedlich. Wäre er jetzt wahrhaftig ein Hexer, würde er ... den Gedanken brachte er nicht mehr zu Ende, denn sie kamen wieder. Oleg trug den Kanister, Daniel rauchte und lachte aus vollem Hals. Dahinter Svenja, die monoton vor sich her grummelte: »Hexer müssen brennen, Hexer müssen brennen.« Lukas Herz klopfte schneller, ihm wurde schummerig vor Augen. Aber er schrie nicht.

Er sah, wie Daniel auf seinem Handy herumtippte, das er ihm vorhin weggenommen hatte.

»Lukas, wo bist du? Machen uns Sorgen. Habe deinen Ahorn-Sirup endlich bekommen. Komm bitte schnell nach Hause. Mama«, las Daniel vor und der Zigarettenqualm schoss ihm dabei aus der Nase. »Sechs mal hat deine Alte angerufen, du Mädchen. Kriegst du auch ein Lätzchen um, wenn sie dich mit dem Sirup füttert?« Die Anderen lachten, Svenja nahm Daniel das Handy aus der Hand und schmiss es in den Wald. Lukas rann jetzt eine Träne aus dem Augenwinkel, aber er schrie nicht. Auch nicht, als Oleg den Kanister über ihm ausleerte. Er dachte an den Vogel, er wusste nun, dass es ein Finkenkreuzschnabel war. Dann sah er, wie Daniel

21

mit Daumen und Zeigefinger die brennende Zigarette
aus dem Mund nahm.

Der Vier-Millionen-Euro-Mann

Im Adlon getanzt zu haben, im Adlon diniert zu haben, im Adlon eine Nacht verbracht zu haben, womöglich die Hochzeitsnacht, das waren glühend ersehnte Dinge, las Manfred Schlender auf der Karte der Lobby Bar des Hotel Adlon Kempinsky in Berlin. Hier hatte er vor etwa zehn Minuten auf einem mit braunem Samt bezogenen Sofa Platz genommen. Es roch nach frischen Blumen, hinter sich konnte er das leise Plätschern des prominenten Elefantenbrunnens in der Lobby hören. Zumindest wird er sagen können, er habe im Adlon einen Kaffee getrunken, dachte der Psychiater und nahm einen Schluck aus der goldverzierten Porzellantasse, die der Barkeeper auf den Tisch vor ihm serviert hatte.

Der Kaffee Adlon mit Tonkabohne und Milch schmeckte eigentlich nicht anders als der, den er sich jeden Morgen in einem Pappbecher an der Tankstelle vor seiner Praxis holte. Aber wenn er sich wirklich intensiv darauf konzentrierte, konnte er wahrhaftig den

Hauch von dem *à la carte* versprochenen Mandelaroma vernehmen. Autosuggestion, dachte er und nahm sich vor, beim nächsten Coffee to go auf der Straße auch an Mandeln zu denken. Es war kurz nach neun. Außer ihm und den beiden Barkeepern, die hinter ihrem Tresen Gläser polierten, saß kein Gast in der Lobby Bar. Seine Verabredung, die ihn per Briefpost hierher zitiert hatte, verspätete sich. Würde er ihn versetzen? Mehrfach hatte Manfred Schlender in den vergangenen Monaten versucht, jenen Krösus zu sprechen, über den im letzten Jahr deutschlandweit die Medien berichtet hatten. *Vom Arbeitslosen zum Millionär*, so lautete oft eine, wie er fand, langweilige von den Nachrichtenagenturen übernommene Überschrift in den Tageszeitungen.

Schon erstaunlich, so ein Lottogewinn konnte einfach jeden treffen. Aber nicht vornehmlich dem sozioökonomischen Wandel durch plötzlichen Geldgewinn galt das Interesse des Psychiaters. Ihm war ein Detail aufgefallen, auf das die Medien nur am Rande eingegangen waren: Bevor Frederick Paulsen den Jackpot von vier Millionen Euro knackte, hatte er offenbar unter einer schweren Zwangsstörung gelitten. Nach seinen eigenen Angaben sei sie jedoch nach dem Gewinn unmittelbar und gänzlich verschwunden. Manfred Schlender hatte sich in seinem psychotherapeutischen Angebot auf die Behandlung von Zwangskrankheiten spezialisiert. Mindestens 50 Patienten hatte er therapiert und dutzende Fachbücher zum Thema gelesen, aber nie davon gehört, dass Geld eine solche, noch vor nicht allzu langer Zeit in ihrer Verbreitung verkannte und früher als schwer heilbar geltende Krankheit kurieren konnte. Das würde jedenfalls allen derzeitigen Erkenntnissen der kognitiven Verhaltenstherapie widersprechen.

Sollten sich die Angaben von Herrn Paulsen allerdings bestätigen, wäre das so etwas wie ein psychologisches Mysterium. Das wollte sich der Therapeut nicht entgehen lassen. Schon las er vor dem inneren Auge seine eigene Überschrift in einer psychologischen Fachzeitschrift: *German psychiatrist diagnosed financial conditioned remission of obsessive compulsive disorder.* Oder in einer Tageszeitung: *Geld macht doch glücklich. Psychiater Manfred Schlender revolutioniert verhaltenstherapeutische Behandlungskonzepte.* Er grinste und trank den Kaffee, der noch einmal an Mandelaroma dazu gewonnen hatte.

»Aha, Sie haben den Wachmacher im Adlon

entdeckt? Tut gut um diese Zeit, nicht wahr?« Eine hohe Männerstimme hinter ihm weckte Manfred Schlender aus seinen Ruhmes- und Aromaträumen. Er drehte sich hastig um.

»Nein, nein, bleiben Sie getrost sitzen, mein Herr«, sagte der schlaksige junge Mann im blauen Designer-Anzug und Sonnenbrille. Er nahm auf der Couch ihm gegenüber Platz. Über den Tisch reichte er ihm die Hand. »Guten Tag Herr Doktor Schlender, wir sind verabredet, entschuldigen Sie meine minimale Verspätung, ich habe bereits ein Sektfrühstück über den Dächern der Stadt genossen.« Der Mann, der sich mit der Hand über die zurückgegelten halblangen, blonden Haare strich, wirkte gekünstelt und albern, sein Lachen war nicht echt und klang dreckig.

»Das macht überhaupt nichts«, sagte Manfred Schlender. »Sie sind Frederick Paulsen?«

»*Fred Paul*, Englisch ausgesprochen. Wie Fred Astaire in *Reich wirst du nie*. Wie Paul Newman in *Die Farbe des Geldes*. Sie verstehen, Hollywood, vom Tellerwischer zum Millionär und so.« Er grinste und leckte sich dabei für einen kurzen Moment mit der Zunge über die Lippen. »Nein, im Ernst, so nenne ich mich seit meinem großen Tag. Gefällt mir besser, ist spritzig, modern und magisch.«

»Na gut, Herr Paul.«

»Fred!«

»Okay *Fred*. Sie wissen, worüber ich mit Ihnen sprechen möchte?«

»Ja, es geht um die Zwänge, die mich damals vor meinem Glückslos gequält haben. Rede ich nicht gerne drüber. Aber es ist ja für die Wissenschaft und so für was nützlich. Ich wollte mich sowieso demnächst selbst forschermäßig betätigen.« Manfred Schlender ersparte sich die Frage nach der angepeilten akademischen Ausrichtung seines Gesprächspartners: »Ja, ich bin, wie ich ihrem Sekretär ja schon mitteilte, Psychiater und anerkannter Verhaltenstherapeut. Ich behandele Zwangsstörungen.«

»Geben Sie Ihren Patienten doch einfach genug Kohle«, sagte Fred Paul und lachte laut, fragte dann aber nachdenklich: »Ach, Sie bitten mich nur um eine Spende?«

»Nein. Sehen Sie, darüber möchte ich mit Ihnen sprechen. Diese Krankheit ist nicht durch Geld, sondern nur mit individualisierter kognitiver Verhaltenstherapie einschließlich Konfrontation mit Reaktionsverhinderung

27

behandelbar. Zumindest sind das meine Erfahrungen. Und Sie glauben also faktisch, dass die Millionen Ihre Beschwerden geheilt haben?«

Fred nahm seine Sonnenbrille ab und polierte erst die lachsfarbenen Gläser, danach die goldenen Bügel mit einem schwarzen Tuch. »Eine *Cartier Must Laque*. Elton John trägt sie im Video *I'm still Standing*. Habe ich aus Monaco«, brabbelte Fred vor sich hin.

»Fred?«

»Ach entschuldigen Sie, was war die Frage?«

»Glauben Sie *wirklich*, dass Sie Ihre Zwangsstörung durch den Geldgewinn in den Griff bekommen haben?«

»*Absolut*, sage ich ja. Deswegen sitze ich doch hier. Aber wollen wir nicht erst was bestellen?« Fred setzte die Brille auf, blickte in Richtung Tresen und schnippte mit den Fingern. »Gaston«, rief er laut und arrogant. Der Barkeeper schaute auf. »Für das Doktorchen da bitte noch mal das Gleiche, für mich einen *Four Roses, American Whiskey.*«

»Kommt sofort, der Herr«, rief der Barkeeper zurück und schrieb etwas auf einen Zettel.

»Hunger, Herr Doktor?«, fragte Fred.

»Danke, nein, ich würde mich nur einfach gerne mit Ihnen unterhalten«.

»Also los. Wie war die Frage? Hehe, kleiner Scherz,

habe es gecheckt. Okay, ja, ich habe also diese Millionen gewonnen und danach war alles gut. Verstehen Sie? Ich sehe super aus. Mit 34 Jahren besitze ich Autos, Häuser, Jachten, Frauen. Was will man mehr?« Unter seinem Jackett zog Fred einen hellbraunen Umschlag hervor und warf ihn auf den Tisch. »Mein Sekretär hat gemeint, Sie wollen auch etwas in einer Fachzeitschrift veröffentlichen. Wir haben hier ein paar Fotos zusammengestellt, die Sie gerne dafür verwenden dürfen.«

In Manfred Schlenders Magen rumorte es, der Geschmack von jetzt bitteren Mandeln kroch ihm die Speiseröhre rauf. Er war es ja gewohnt, dass Patienten hin und wieder patzig reagierten oder ihm nicht zuhörten. Herr *Fred Astaire Paul Newman* aber erlaubte sich doch ein bisschen zu viel des Guten. Er dachte nicht daran, sich jetzt dessen Frauen- und Autobilder anzuschauen. Verhaltenstherapeutisch in seiner Haltung um Respekt und Akzeptanz des Gegenübers bemüht, blieb er äußerlich gelassen. »Dankeschön, da wird sich die entsprechende Redaktion zu gegebener Zeit was raussuchen. Sprechen wir über Ihre Symptome. Wie

29

genau äußerte sich Ihre Zwangsstörung und wann trat sie erstmalig auf?«

Der Barkeeper räumte die leere Kaffeetasse ab und stellte eine neue auf die Tischplatte. Fred ließ sich seinen Whiskey direkt in die Hand geben. Er grinste wieder dümmlich.

»Sie wissen ja, ich war sechs Jahre alt, als meine Mutter mich in ein Kinderheim nach Paderborn verfrachtete. Schrecklich, ich hasse Kinder. Man kann sagen, dass ich ganz schön gelitten habe. Die Malträtierungen der Größeren. Sie müssen sich vorstellen, die haben mir eine Flasche in den Arsch gesteckt, wenn sie einen *schlechten* Tag hatten. War es ein *guter*, durfte ich nur ihre Schuhe putzen. Na ja, in der Zeit hatte ich Angst, keine Freunde, die Erzieher mochten mich nicht. Ich war mit meinen Gedanken alleine und da tauchte erstmals dieser Dämon in meinem Kopf auf, der mir befahl, alles dreimal zu machen.«

»Dreimal? Was meinen Sie zum Beispiel?«

»Tja, ich musste vor dem Schlafengehen *dreimal* auf die Toilette, ich habe morgens *drei* Brote schnabuliert. Das ging so weit, dass ich *drei* Unterhosen angezogen habe.« Fred schien nervös, seine Knie wippten, mit seinem goldenen Ring trommelte er gegen das Whiskyglas. »Wie gesagt, ich spreche heute nicht gerne drüber.«

»Wie ging es weiter? Sie haben einen Realschulabschluss gemacht und später eine Lehre zum Gärtner angefangen und abgebrochen?«

»Ja und dabei hätte ich ein Einserabi machen können. Aber da lag die Krux, verstehen Sie? *Einserabi*. So was ist schlecht möglich, wenn man immer nur *Dreien* schreiben darf. Also bin ich auf einer poppligen Realschule gelandet, habs dort natürlich gut hinbekommen mit den Dreien. Wenn es aber mal eine *Zwei* auf dem Zeugnis gab, musste ich mir zur Strafe dreimal eine Rasierklinge über den Oberschenkel ziehen. Ich zeige Ihnen meine Beine lieber nicht.« Er lachte laut.

»Wie war das während der Lehre, warum waren Sie gezwungen, abzubrechen?« Manfred Schlender dachte über das Borderlinesyndrom nach.

»Ich war zu *dreist*. Dreist kommt von *drei*.« Fred nahm einen Schluck von seinem Malt und freute sich über seinen einstudierten Humor. Ausgesprochen lustig der Kerl, dachte Manfred Schlender. Er überspielt seine Probleme mit blöden Witzen. Offenbar hatte sein Gegenüber ausgeprägte Störungen in der

31

Selbstwahrnehmung. Der Psychiater entdeckte deutlich Nervosität, gesteigerte Wachsamkeit und Konzentrationsstörungen bei dem Millionär. Möglicherweise litt er an einer posttraumatischen Belastungsstörung mit großen Ängsten, vermutlich kompensiert durch narzisstisches Verhalten.

»Ganz aufrichtig, Herr Doktor. Man kann nirgendwo ernsthaft arbeiten, wenn man alles *dreimal* anpflanzen, *dreimal* backen, *dreimal* verkaufen muss, wenn es eben nur *einmal* gewünscht wird. Wollen wir nicht drüber schnacken, wie ich mich jetzt so fühle?«

»Offensichtlich geht es Ihnen gut.«

»Blendend. Ich sage es Ihnen, ich war über zehn Jahre arbeitslos, ich konnte mir kaum was leisten, habe von der Hand in den Mund gelebt. Und das Schlimmste war, dass ich darunter nicht so sehr gelitten habe, wie unter der Tatsache, dass ich Arbeitslosengeld *Zwei* und nicht Arbeitslosengeld *Drei* bezogen habe.«

Innerlich musste Manfred Schlender jetzt doch mal lachen, er ließ sich nichts anmerken. »Das ist entsetzlich«, sagte er. »Waren Sie je verheiratet?«

»Nein, ich hatte auch nie eine Freundin. Ich konnte erst nach dem Lottogewinn Frauen kennenlernen. Meine Entjungferung habe ich im zarten Alter von 32 erlebt. Aber danach habe ich so viele Weiber abgeschleppt, da würden Sie neidisch. Ich sage Ihnen, die Muttis stehen auf mich.«

Ganz sicher, dachte der Psychiater. *Es werden die Damen sein und nicht sein Vermögen.* Jetzt zeigte er auch noch einen Mutterkomplex. Neidisch war er trotzdem. Wie lange hatte *er* schon keinen Sex mehr gehabt? Mit knapp Fünfzig hatte er es zudem ungleich schwerer. Mit Geld und Autos konnte er nicht protzen. Sein Bauch war fülliger als sein Besitz, die Haare weißer als jedes Hochzeitskleid, von denen er nie selbst eins berührt hatte.

»Ist was Doc? Wollen Sie gerne vorbeikommen auf mein Anwesen in Port Andratx? Wir feiern immer freitags eine Poolparty. Wir, ich meine mich und die Meerjungfrauen, wissen Sie? Ich hätte auch mit Vergnügen mal einen Mann dabei, einfach so zum Quatschen über Männerdinge und so.«

»Danke für das Angebot, aber ich glaube nicht. Ich arbeite viel und außerdem bin ich glücklich verheiratet«, log der Psychiater im letzten Punkt. »Haben Sie keine Freunde?«

»Naja, Diego, mein Sekretär. Er macht alles, ein

Geschäftsmann aus Argentinien. Er ist Assistent, Makler, sorgt dafür, dass mein Geld akkurat angelegt ist, kauft Immobilien und den ganzen Kram. Er spielt auch mit mir Golf, manchmal Tennis im Doppel mit meinen Gärtnern. Aber ich bin der Beste. Ja, ich glaube, Diego ist mein Kumpel.«

»Ihnen fehlt es also an nichts? Wie sieht es denn mit Ihrer Gesundheit aus?«

»Topfit.«

»Ich meine Ihre Psyche. Hatten Sie je einen Rückfall bezüglich Ihres Zwanges?«

»Nein, die Millionen sind auf mein Konto geprasselt und alles ist von mir abgefallen. Sie können sich das nicht vorstellen. Ich habe in meiner Butze in Paderborn gesessen und die Lottoergebnisse gelesen. Ich habe sofort gewusst, dass ich gewonnen hatte, kein einziges Mal nachgecheckt. Ich habe mir die Kohle geschnappt und ein neues Leben angefangen. Hab mir die Welt gekauft, alles bekommen, was ich je wollte. Ich bin ein glücklicher, intelligenter, gut aussehender und reicher Mann.«

»Aha. Wie sieht es mit anderen Symptomen aus? Sind Sie öfters deprimiert?« Manfred Schlender erahnte die Antwort.

»Nie, ich stehe jeden Morgen auf und mir scheint die

Sonne aus dem Arsch.«

Dem Psychiater wurde übel. »Fürchten Sie sich vor etwas?«

»Nö, nur vor Ihnen. Kleiner Scherz, Doktorchen. Nein, alles gut. Keine Angst, ich mache, was ich will und kann das auch.«

»Sind Sie eigentlich nervös?«

»Ich? Nein, völlig ausgeglichen, ich schlafe optimal, esse genüsslich, gehe regelmäßig in die Sauna. Okay, zugegeben, hin und wieder bin ich auf der Pferderennbahn etwas aufgewühlt. Aber sonst, nein. Easy Peasy.«

Vermutlich hatte sein Gegenüber ausgeprägte Wahrnehmungsstörungen. Der Psychiater entdeckte unzählige Ausdrucksformen von Ruhelosigkeit bei Fred. Möglicherweise litt er auch an einer Angststörung oder einer manischen Episode. Fast größenwahnsinnig erschien er ihm. Fred fuhr sich ständig durch die Haare, tippelte mit dem Ring an seinem Glas, wackelte mit den Knien, fummelte an seiner Sonnenbrille.

»Machen Sie sich Gedanken um Ihre Vergangenheit?«

35

»Nein, nie. Bringt auch nichts, ich stelle mir lieber meine glorreiche Zukunft vor, so wie jetzt Doc, die nahe Zukunft.« Fred zog den rechten Jackettärmel hoch und schaute auf sein Handgelenk. »Eine *Rolex Precision*, Vollgold, 18 Karat. Von 1959«, murmelte er. Er trank den letzten Schluck. »So, ich muss los. Verabredung mit Klaus Wowereit, wir planen eine neue Shoppingmeile in Kreuzberg. Nein, ich mache nur Spaß. Sie verstehen, es ist wieder eine Alte, eine richtig heiße.« Fred stand auf, zog eine prall gefüllte Brieftasche aus seiner Hosentasche und ließ den Daumen über ein dickes Bündel Geldscheine fahren. Er zog eine Hundert Euro Note heraus und warf sie auf den Tisch. Dann überlegte er kurz. »Zwei, drei, vier«, zählte Fred und legte drei weitere Geldscheine vor den Psychiater. »Von dem Rest kaufen Sie sich was Schönes. Gibt es noch Fragen, rufen Sie Diego an. Die Nummer haben Sie ja. See you later, alligator, ähm, Doc und spielen Sie doch mal Lotto oder *Vier Gewinnt*.« Mit diesen Worten verschwand der komische Millionär in die Lobby. Hatte er *Vier Gewinnt* gesagt? Manfred Schlender starrte auf den Tisch. »Eins, zwei, drei, *vier*: *vierhundert* Euro«. Er zählte die Scheine laut. Ihm wurde schwindelig, sein Herz raste. Wie konnte ihm das als Fachmann entgangen sein? Bilder und Zahlen schossen ihm durch den Kopf. *Vier*

Millionen Euro. Fred Paul – zwei Mal *vier* Buchstaben, ein magischer Name. *Tack, Tack, Tack, Tack, viermal* hatte der Ring an das Whiskey-Glas geklopft. *Four Roses, vier* Zentiliter, Tennis im Doppel. Manfred Schlender riss den Briefumschlag auf, zerrte die Aufnahmen raus und sah darauf Fred Paul am Hafen von Port Andratx vor *vier* Jachten, Fred Paul mit *vier* halb nackten Frauen vor einem Pool. Fred Paul mit seinem *vier* Millionen Euro Scheck vor der Presse posend am Hamburger Hotel *Vier*jahreszeiten. Der Millionär mit Diego und zwei Männern in grüner Schürze beim Quartett auf seiner Sommerterrasse. *Vier* Fotos.

Das Wohnzimmerexperiment

Der Mensch erschrak fürchterlich. Nicht der mit blauen Punkten bemalte Porzellanteller auf der blütenweißen Tischdecke, in dem eine gelbe Suppe dampfte, verängstigte ihn so. Auch nicht Löffel und Salzstreuer, die daneben lagen. Nicht der zweite Teller ohne Essen oder die Keramikvase, aus der frische grüne Blätter herausragten. *Natürlich nicht!*

Es war das *braune Nichts*, in das die Tischszene eingebettet war. Ihm kam es vor, als sei er blind, wenn er auf die Stelle schaute. Am Rande seines linken Gesichtsfeldes sah er eine schwarze Schreibmaschine mit dem Schriftzug AEG Mignon und eine goldene Vase, in der eine Pflanze mit pinken Blüten steckte. Dahinter zwei aufgestellte halbe Bücher und darum, darunter und daneben dieses Nichts, das braune Nichts.

Er blickte an sich herunter und bemerkte auch hier braunes Nichts. Er hörte nichts, spürte nichts, fühlte und roch nichts. Wer war er? Er hatte keine Erinnerungen, sein Gedächtnis schien vollkommen ausgelöscht. Er dachte nach, ihm fiel nicht mal sein eigener Name ein. Er wollte sich bewegen, doch er schien zu einem Felsen erstarrt. Sein Herz hätte jetzt vor Panik die lebensbedrohenden 300 Schläge die Minute erreichen müssen, tatsächlich aber spürte er es überhaupt nicht schlagen.

Wo war er, wie war er hier hergekommen? Er schaute an sich runter, erkannte Schuhe, schwarze Herrenschuhe. Er war ein Mann. Er musste sich zusammenreißen und nachdenken. Die Beine unter der beigefarbenen Stoffhose, die in den Schuhen steckten, gehörten ihm, die Perspektive ließ mehr als eine Vermutung zu. Seinen Körper zu spüren, dazu war er nicht fähig. Um die Fußbekleidung herum erkannte er einen halbrunden Flecken Parkettboden. Daneben und darüber braunes Nichts. Sein Blick wanderte zurück zum Teller, jetzt konnte er den ganzen Tisch wahrnehmen. Zwei weitere Suppenteller auf der gegenüberliegenden Seite, einer gefüllt, der andere leer, hatten sich in die abstruse Kulisse eingereiht. Vor dem Tisch erkannte er wie aus dem Nichts einen schräg gestellten Holzstuhl, darauf eine zusammengeklappte Ausgabe des Osnabrücker Tageblattes vom 13. September 1905. Auf der Titelseite war ein Artikel über die Grundsteinlegung einer Synagoge abgedruckt. Er war also Osnabrücker!

Unter dem Stuhl ein Halbkreis aus braunem Nichts. Daneben erschienen ein schwarzes, hängendes Ohr und ein hellbraunes Auge, das ihn dämonisch anstarrte. Todesangst überkam ihn. Er war nicht alleine und sein Gegenüber war kein Mensch, so viel stand fest. Aus dem Nichts unter Ohr und Auge des Wesens manifestierte sich eine Schnauze mit einer herabhängenden Zunge. Dann das zweite Auge, ein Brustkorb. Ein Hund, es war ein Hund. War es sein Hund? Er sah nicht böse aus, eine Deutsche Dogge. Der Mann rief stimmlos: *Hallo, du, hörst du mich, siehst du mich?* Das Tier sah ihn starr und leblos an und zeigte keine Reaktion. Einige Minuten vergingen. Dann tauchte eine halbrunde Stuhllehne hinter der Schräge des Tisches auf. Der Teil eines Fensters wurde sichtbar. Weiße Gardinen, daneben eine rosa Tapete. Aber alles war irgendwie nur ein Ausschnitt, ein unvollendetes Werk.

Seine Umgebung nahm jedoch mehr und mehr Gestalt an. An der Wand sah er jetzt ein Bild mit einer untergehenden Sonne zwischen zwei Gletschergipfeln und eine Wanduhr mit einem Pendel aus Gold. Um die römischen Ziffern herum verschiedene Jagdmotive, erlegte Füchse und Rebhühner. *Moment, die Zeit. Das kann ein Hinweis sein!* Die goldenen Zeiger auf dem

Ziffernblatt standen auf Punkt Zwölf. Der Mann hatte einen Anhaltspunkt. Mittagszeit, dampfende Suppe. War gleich alles vorbei? Alles wieder normal? Träumte er und wachte langsam auf? Würde die Dogge bellen und ihn begrüßen, andere Menschen sich an den Tisch setzen? Eine Familie dazu kommen? Seine Familie? Hatte er Weib und Knaben, oder vielleicht ein Mädchen?

Nur noch die Hälfte der Szenerie vor ihm zeigte jetzt braunes Nichts. An den Seiten halbrunde Enden. Er beruhigte sich ein wenig und wartete sehnsüchtig auf etwas, das ihm vertraut vorkam. Denn auch das, was er außer dem Nichts sah, erkannte er nicht. Das Bild vervollständigte sich rascher. Rechts eine Treppe, die nach oben führte, lediglich von einem runden braunen Stückchen Nichts durchbrochen. Auf der rechten Seite konnte er jetzt einen vollständigen halben Raum registrieren. Die rosa Wand, ein gerahmtes Foto von einem Soldaten in Ausgehuniform auf einem Schränkchen. Der zu einem Ganzen gewachsene Hund davor mit aufgestelltem Schwanz. Vor ihm war der Parkettboden in voller Größe zu erkennen. Sein Blick fiel erneut auf die linke Seite. Jetzt standen vollständige

41

Bücher in einem halben Bücherbord: *Traumdeutung* von Siegmund Freud, *Im Schlaraffenland* von Heinrich Mann, *Der Zauberer von Oz* von Lyman Frank Baum. Darunter und darüber befanden sich noch halbrunde braune Flecken. Wie ein Torbogen zeichnete sich dahinter die rosa Tapete ab.

Augenblicke später glotzte der Mann fassungslos in ein nun komplett eingerichtetes und gänzlich einsehbares Wohnzimmer. Fast. Ein Teil fehlte. Da zwischen Regal, Wand und Treppe. Der Mann erkannte die halbrunden Umrisse des braunen Teiles. Kann das sein? Doch, es war eindeutig ein Puzzleteil. Sein heftig klopfendes Herz verriet dem Mann, dass er wach wurde. Blut strömte in seinen Körper, seine Lider schlugen, der Hund bellte, die Suppe roch nach Kartoffeln. Nur ein Teil, dann müsste der Spuk vorbei sein und alles würde sich aufklären. Er dachte noch angestrengt nach, ob er schon mal von einer Krankheit gelesen hatte, die einen solchen Puzzle-Zustand, wie er ihn erlebt hatte, hervorrufen konnte, als das fehlende Teil in das braune Nichts schnippte. Der Mann konnte sich jetzt rühren, er fühlte den weichen Sesselbezug unter sich und bewegte die Zehen in seinen Schuhen. Dann hörte er die Stimme eines kleinen Mädchens: »Endlich fertig, sieht schön aus, Mama, oder?«

»Das stimmt«, sagte eine andere weibliche und deutlich ältere Stimme. »Das hast du gut gemacht. Aber jetzt räum das vom Tisch, wie du es versprochen hast. Papa kommt gleich und wir wollen dann essen. Außerdem weißt du ja, dass du eigentlich nicht mit Papas historischen Puzzeln spielen sollst. Die sind wertvoll!«

»Och Manno, ist doch gerade erst fertig geworden«, vernahm der Mann die Kinderstimme.

»Martha, ich warne dich. Ich habe dir gesagt, du hättest das auch in deinem Zimmer zusammensetzen können. Aber hier bleibt es nicht.«

»Ja, schon gut. Ich werde das eh nie wieder machen, gibt bessere heutzutage.«

Gerade wollte der Mann in seinem Sessel aufschreien, da erschütterte ein Erdbeben sein Wohnzimmer. Teller, Uhr, Bücherregal, Hund: Alles brach mit einem gewaltigen Krach zusammen. Dann Totenstille! Er sah, hörte, roch und spürte nichts mehr. Das braune Nichts hatte ihn verschlungen.

Das Einzige, was dem Mann blieb, waren seine

Gedanken. Noch heute denkt er!

Das Kopfding

Saskia Berling weinte leise. Noch nie hatte sie vor ihrer Tochter geweint, doch heute konnte sie es nicht mehr zurückhalten. Schon seit einer Woche fielen ihr, wenn sie alleine war, die Tränen am Kinn herab wie Tropfen aus einem defekten Wasserhahn. Abends, wenn sie ins Bett ging, morgens, wenn sie aufwachte und, wenn sie denn ab und an ein bisschen Schlaf gefunden hatte, auch wenn sie träumte. Tagsüber hatte sie sich zusammengerissen, um mit aller Kraft für ihre Tochter Cassandra da sein zu können, sie zu trösten, sie abzulenken. Sie spielte mit ihr und ihrer Schwester Lara *Mensch ärgere Dich nicht*, schmückte mit ihnen gemeinsam Cassandras so geliebtes Holzpuppenhaus und las ihr Bücher vor. Vorhin hatten sie *Die kleine Raupe Nimmersatt* gelesen und beide schafften es sogar, ein paar Mal zu lachen. Das Bilderbuch war ein buntes Überbleibsel aus Saskia Berlings eigener Kindheit. Ihre Mutter hatte ihr nach dem Vorlesen immer gesagt, sie werde eines Tages ein wunderschöner Schmetterling sein. Da war sie so alt wie Cassandra jetzt, sechs Jahre. Sie hatte ihr diesen Satz eben auch sagen wollen, doch er ging ihr nicht über die Lippen. Zu groß war die innere Angst, dass sie es nicht schaffen würde, dass sie nicht überlebte. Die Vorstellung, dass Cassandra morgen um diese Zeit einfach nicht mehr da sein könnte, war unerträglich grausam für sie, irreal und traurig zugleich.

»30 Prozent«, hatte der Chirurg gesagt. »30 Prozent Überlebenschance.« Diese Angabe ging ihr nicht mehr aus dem Kopf. Wie viel und wie wahrscheinlich waren denn 30 Prozent? Es war doch nur eine Menge, eine Zahl, eine von irgendwem festgelegte mathematische Mutmaßung. Sie verstand es nicht, wollte sich die Prozentzahl immer wieder von Professor van Dreesen erklären lassen. Er habe den Wert nicht errechnet, aber könne das aufgrund der körperlichen Verfassung ihrer Tochter und der Kompliziertheit der Operation ungefähr so angeben, hatte er geantwortet. Gefeilscht hatte sie mit ihm, wollte wenigstens noch ein Prozent mehr rausschlagen. Als sie hysterisch wurde und ihn auf Knien anflehte, das Leben ihres Kindes zu retten, hatte er ihr diesen verrückten Satz gesagt: »Es ist besser, Sie ziehen in Betracht, dass Ihre Tochter es *nicht* schaffen könnte, auch wenn wir *alles* in unserem Ermessen liegende dagegen tun werden. Ich kann es Ihnen aber nicht versprechen!« Verflucht hatte sie ihn für diese unverschämte Voraussage. »Wie können Sie nur so was behaupten? Für wen halten Sie sich? Sie Möchtegerngott!« Der Satz war ein schlimmer Fehler gewesen. Heute Nachmittag, nachdem sie sich mit drei Milligramm Lorazepam beruhigt hatte, hatte sie mit ihrem Mann Martin über ihren Disput mit Professor van Dreesen gesprochen. Martin hatte sich fürchterlich aufgeregt, sich sofort über die Zentrale des Marienhospitals mit dem Arzt verbinden lassen und sich in ihrem Namen entschuldigt. Hätte sie doch bloß selbst noch mit Professor van Dreesen geredet. Nun war es höchstwahrscheinlich zu spät und er würde sich keine Mühe mehr für ihre Tochter geben, vielleicht würde er sogar extra eine Hauptschlagader durchtrennen und es nach einem medizinischen Unfall aussehen lassen. Berufsrisiko oder so was. Richtig überzeugt war der Chirurg ja von Anfang an nicht.

Fünfmal hatte Martin ihr vorhin erklären müssen, dass der Chefarzt keine Rachegefühle gegen sie hege, dass er ihre Emotionen sogar habe verstehen können, im

47

Telefongespräch auch zugegeben hatte, nicht ganz so sensibel gesprochen zu haben.

»Hör jetzt auf, Saskia! Es liegt nicht mehr in unserer Hand. Professor van Dreesen ist Spezialist auf dem Gebiet, der Beste, den wir kriegen konnten. Er hat Cassandra mehrfach untersucht, sie sogar lieb gewonnen. Er wird all sein medizinisches Fachwissen mit bestem Wissen und Gewissen anwenden«, hatte ihr Mann sie angeschrien.

Warum glaubte sie nicht? Ja, warum glaubte sie nicht an den Professor und warum nicht an Gott? Vermutlich hatte sie auch damit einen fatalen Fehler begangen, dass sie im Alter von 14 Jahren aufgehört hatte, in die Kirche zu gehen, einfach nicht mehr an Gott geglaubt hatte. Jetzt war er sicher wütend und würde ihr das Kind nehmen. Er wollte bestimmt auch nicht, dass Cassandra, die Nachfahrin einer Ketzerin, in einem katholischen Krankenhaus operiert würde.

»Geh hoch zu deiner Tochter, umarme sie, mach ihr die Hoffnung, die du selbst nicht hast. Häng das nicht Gott an. Oder ich schleife dich sofort in die Kirche und dann kannst du die Nacht im Beichtstuhl verbringen statt mit Cassandra. Vielleicht wäre das sogar besser. Du musst mit deiner Entscheidung leben!« Dieser letzte Satz ihres Mannes hatte gesessen, das war vor zwei Stunden gewesen. Saskia Berling war froh, jetzt neben Cassandra zu liegen. Sie drückte ihre Hand fester.

»Mami, weinst du?«, fragte ihre Tochter.

»Nein«, log sie. »Ich bin nur ein bisschen verschnupft. Du weißt doch, meine Milbenallergie. Alles wird gut, schlaf weiter, meine Süße.«

»Ich kann aber nicht einschlafen. Ich will morgen nicht sterben!«

Saskia Berling drehte sich im Bett um und versuchte, verdutzt zu gucken: »Cassandra, wie kommst du denn auf diese dumme Idee? Natürlich wirst du nicht sterben. Es ist doch alles vorbereitet. Wir fahren morgen ins Krankenhaus, dann schneiden sie dir ganz einfach das Kopfding raus, danach schläfst du ein bisschen und bist wieder gesund.«

»Wirklich?«

»Ja, sicher. Du wirst bestimmt noch ein paar Tage unter Kopfschmerzen leiden, aber dann nie mehr in deinem Leben, darüber haben wir doch so oft geredet.«

»Das wäre schön. Und du bist auch echt dabei, wenn ich operiert werde?«

49

»Natürlich«

»Und Papa?«

»Der auch, er hat sich doch extra freigenommen die ganze Woche.«

»Und Lara?«

»Klar, Lara und du wart doch immer unzertrennlich. Aber jetzt sei leise und weck sie nicht auf, sie schläft schon.«

Cassandra streichelte mit der rechten Hand den Arm ihrer Schwester, die hinter ihr im Bett eingeschlafen war und die sie fest umarmte. Die andere Hand hatte sie in die ihrer Mutter gelegt, sie fühlte sich geborgen zwischen den beiden Menschen, die sie so liebte. »Na gut, Mami, ich versuche, zu schlafen.«

Saskia Berling gab ihrer Tochter einen Kuss. »Träum schön, ich bleibe hier noch liegen, bis du eingeschlafen bist. Ich habe dich lieb.«

»Ich dich auch, Mami und Papi auch und Lara auch.«

Saskia und Martin Berling sprangen von ihren Stühlen auf, als Professor van Dreesen die Tür zum Warteraum öffnete. Der Chirurg hatte hastig seine blaue OP-Kleidung abgelegt und einen weißen Kittel übergezogen, mit einem Tuch wischte er sich

Schweißtropfen von der Stirn. Die Operation hatte 16 Stunden in Anspruch genommen, zwei Stunden länger als vom Team kalkuliert. Es war der riskanteste Eingriff, den er je vorgenommen hatte und er sehnte sich nach einer Dusche und seinem Bett. Er würde mindestens so lange schlafen, wie die OP gedauert hatte. Danach würde er sich der Presse stellen. Er konnte aber noch nicht abschätzen, ob er mehr gefeiert oder mehr kritisiert werden würde. *Es wird viele Gespräche geben über diese Sache!* Er wollte sich allerdings keine Vorwürfe machen.

Unter der Bedingung, dass Cassandras Eltern ihr die Sache selbst erklären sollten, hatte er dem Eingriff zugestimmt, ihn vor der Ärztekammer als Lebensnotwendigkeit verteidigt. Sie waren verantwortlich dafür, ihrer Tochter zu gestehen, dass sie keinen Tumor im Kopf gehabt hatte. Sie müssten ihr beibringen, wo *sie* war. Sie sollten mit den psychischen Folgen seiner Patientin leben, ihr begründen, warum ihnen nichts an *der Anderen* gelegen hatte. Warum *sie* sterben musste, nur weil *sie* die Missgebildete war. *Sie* war im vollen Besitz ihrer geistigen Kräfte gewesen,

51

hatte eine Seele. Die tränennassen Augen hatte er *ihr* zukleben lassen müssen, sonst hätte er es nicht übers Herz gebracht.

»Wie ist es verlaufen?«, fragte Martin den Arzt. Er hatte bereits in dessen leuchtenden, blauen Augen bemerkt, dass Cassandra noch lebte. Seine Muskeln entspannten sich, doch Freude kam nicht in ihm hoch, er hatte es sich anders gewünscht als seine Frau.

Saskia Berling war bleich, ihre Knie zitterten, sie hielt sich den Mund zu und starrte den Arzt mit weit aufgerissenen Augen an.

»Sie ist schwach, aber sie wird es überstehen. Es ist nicht mit Folgeschäden oder Behinderungen zu rechnen. Meinen herzlichen Glückwunsch«, sagte der Arzt.

Saskia Berling schrie vor Freude, die Anspannung der letzten Wochen wich aus jeder Faser ihres Körpers. Martin konnte sie nicht mehr festhalten, sie sprang dem Chirurgen in die Arme und drückte ihn mit all ihrem neu erweckten Lebensmut. »Ich danke Ihnen, ich danke Ihnen so sehr«, hauchte sie in Professor van Dreesens rechtes Ohr. Er spürte ihre Freudentränen an seiner Wange und dann sagte er einen Satz, den er bis an sein Lebensende bereuen würde: »Ich hatte Ihnen ja versichert, dass die beiden doch nicht unzertrennlich sind.«

Fuchsteufelswild

»So, dann schieß mal los, ich habe echt keinen Bock, dass du mich noch länger hinhältst!« Florian hatte die Tür nicht mit seinem Schlüssel aufgeschlossen, sondern geklingelt und Miriam hatte ihm geöffnet.

»Ich kann verstehen, dass du sauer bist, aber dass du mich nicht mal mehr umarmst? Wir haben uns drei Wochen nicht gesehen. Ich bin fast verrückt geworden ohne dich. Aber komm erst rein jetzt«, sagte Miriam.

Florian gurtete seinen grauen, 85-Liter-Outdoor-Rucksack ab und schmiss ihn achtlos auf den Boden neben die Garderobe. Danach zog er seine Jacke aus und warf sie einfach daneben.

»Los wir gehen ins Wohnzimmer, ich habe dir ein Bier aufgemacht«, sagte Miriam, die zwar ein schlechtes Gewissen plagte, aber die nicht mit einer derart aggressiven Reaktion ihres Freundes gerechnet hatte. »Du bist braun geworden auf Mallorca und hast ganz blonde Strähnen bekommen«, sagte sie, als sie sich beide auf ihr weißes Ecksofa setzten. Es bestand aus italienischem Premiumleder und sie hatten es sich zu ihrem Einzug in die erste gemeinsame Wohnung geleistet. Das war vor etwas mehr als einem Jahr gewesen.

»Sag mal, willst du mich jetzt auch noch verarschen oder terrorisieren oder sowas? Was geht mit dir ab, ich bin braun geworden? Was soll das mit der Umarmung? Du hast mir gestern Abend geschrieben, du hast jemanden kennengelernt und es würde sich einiges verändern. Also, wer ist es, kenne ich ihn?«

Miriam kaute mit den Zähnen auf ihrem rot lackierten Daumennagel. »Nein, natürlich nicht. Er heißt Wilfried.«

Florian ballte die Fäuste in seinen Hosentaschen zusammen. Ihm wurde heiß und schwindelig, sein Mund pelzig und trocken. Er hatte noch nie jemanden geschlagen, schon gar nicht eine Frau und noch weniger eine Frau, die er liebte. Aber er war jetzt kurz davor, durchzudrehen, und hatte Angst, etwas tun zu können, was er später bitter bereuen würde. Er sagte nichts, nahm das Bier vom Tisch, trank die Flasche in einem Zug aus und knallte sie zurück auf die Glasplatte. Es schepperte. »So, noch mal. Also, ich bin mit Marcel im Urlaub, er zieht da fast jeden Abend mit einer anderen Schnalle ab, ich bin die treueste Seele in ganz Spanien und du vögelst hier mit einem Typen rum, der *Wilfried* heißt? Wie alt ist er, 50? 60? Hat er viel Geld, ja?«

»Florian, man«, Miriam rutschte weiter an ihren Freund heran, nahm seine Hand, die er sofort wegzog. »Wer spricht denn von vögeln? Ich habe mit niemandem geschlafen, das würde ich auch nicht tun. Und Geld hat Wilfried gar nicht.«

Florians Puls flachte ab, ein bisschen Hoffnung keimte wieder in ihm auf. Er wusste um die Probleme seiner Freundin mit dem Alleinsein. Das lag irgendwo in ihrer Kindheit begründet. Am Anfang der Beziehung tat er sich schwer damit, weil sie ganz schön klammern konnte. Aber ab und zu brauchte er einfach auch Zeit für sich und Abstand. Den Urlaub mit Marcel hatte er immer wieder verschoben, dann endlich durchsetzen können – *müssen*. Dass sie aus lauter Einsamkeit gleich fremdgehen könnte, damit hätte er nie gerechnet und wartete jetzt darauf, dass sie ihm das irgendwie noch bestätigte. »Dann erzähl jetzt bitte alles«, sagte er.

»Also gut, aber die Geschichte ist krass, deswegen habe ich auch gewartet, bis du wieder hier bist und es dir nicht am Telefon erzählt. Ich habe es zuerst selbst nicht geglaubt, dass mir das passieren könnte.« Sie räusperte sich und machte eine kurze Pause. »Ich habe dir doch gesagt, dass ich das erste Wochenende bei Kristin übernachten werde, wenn du weg bist, damit ich mich nicht so alleine fühle.«

»Hast du!«

»Das habe ich gemacht. Und da stand ich so am Freitagabend auf ihrem Balkon und habe eine geraucht und dann habe ich unten einen Obdachlosen gesehen. Du weißt doch, wo sie wohnt, an diesem Park in Spandau. Und der Obdachlose hat da irgendwas verteilt, jedenfalls sah das so aus. Er hat in einer Plastiktüte rumgekramt und sich dann an verschiedenen Ecken am Parkeingang und auf dem Gehweg gebückt.«

»Das ist ja sehr sexy, Miriam, und was hat er da ausgelegt, dein Penner?«

»Lass mich erst zu Ende erzählen. Ich habe das eine Zeit lang beobachtet, mir aber nichts weiter dabei gedacht und es vergessen. Als ich aber am nächsten Morgen nach dem Frühstück wieder eine geraucht habe, habe ich einen Fuchs gesehen, der genau zu den Stellen gelaufen ist, an denen sich der Obdachlose hingekniet hatte.«

»Ein Fuchs? In Berlin? Habe ich noch nie von gehört.« Florian öffnete sich eine weitere Flasche Bier, die Miriam für ihn auf den Tisch gestellt hatte.

»Ich doch auch nicht. Ich habe aber Kristin gefragt und sie hat gemeint, das sei gar nicht so ungewöhnlich. Es würde zwar selten vorkommen, dass man einen sieht, aber in Berlin leben wohl schon bis zu 1500 Rotfüchse und sie verlieren zunehmend die Scheu vor den Menschen, hat Kristin jedenfalls gesagt. Sie suchen hier nach Futter. Aber im Winter ist das schwerer.«

»Und das ist also so süß von deinem Wilfried, dass er sich um die armen Füchse kümmert und sie füttert?«

»Was?«

»Egal, erzähl weiter, das kann ja nicht alles gewesen sein, so einen Aufriss, wie du darum gemacht hast.«

»Nein, das dicke Ende kommt noch. Ich bin dann, als ich den Obdachlosen noch mal gesehen habe, runter gegangen und habe lange mit ihm geredet. Ein wahnsinnig interessanter Mann. Er hat sogar Jura studiert, später aber seine Frau und seinen Job verloren und lebt seit drei Jahren auf der Straße. Ich habe ihn auf einen Kaffee eingeladen.

»Du spinnst doch echt total, Miri. Und wo ist er jetzt, dieser Wilfried?«

57

»In der Küche, er schläft.«

»Sag mal, hast du sie noch alle?« Florian sprang vom Sofa auf und packte sich den Kerzenständer aus Messing, der auf dem Tisch stand.

»Flo bitte, hör mir zu, bevor du jetzt durchdrehst, bitte setz dich wieder hin.«

»Ich hole den da raus, ich will so ein Pack nicht in unserer Wohnung.«

»Sag mal, wie redest du denn? Er ist ganz lieb. Also hör mir noch zwei Minuten zu, dann kannst du hingehen und dir überlegen, ob du ihn rauswirfst. Wenn du es tust, kann ich nichts dagegen machen, aber ich möchte es nicht. Nur zwei Minuten, okay?«

»Ich schmeiße den sowieso raus auf die Straße, wo er hingehört. Aber bitte, deine zwei Minuten hast du.«

»Ja, gut. Ich bin also nach dem Kaffee mit ihm zum Park gegangen und da bin ich vom Glauben abgefallen. Er hat genau an den Stellen, an denen ich ihn beobachtet hatte, Lebensmittel eingesammelt: Brötchen, Kuchen, Äpfel, sogar Schokoriegel. Verstehst du?«

»Nein, ich checke gar nichts.«

»Überleg doch mal. Nicht er hat den Fuchs gefüttert, sondern umgekehrt. Ein Fuchs ernährt einen Obdachlosen. Das ist ein Wunder, so was habe ich noch nie gehört. Aber ich habe es selbst beobachtet am

Sonntag. Ich bin wieder mitgegangen und wir haben gewartet. Der Fuchs hat Brot gebracht – frisches Brot. Er hat wohl irgendeine Quelle gefunden, vielleicht eine Bäckerei oder einen Kiosk, wo er stibitzen kann.«

»Klingt alles sehr, sehr komisch, Miri. Wenn das stimmt, wäre das schon wahrhaftig ein Wunder, ja. Aber erst mal interessiert mich das nicht, ich will den Penner aus meiner Küche haben.«

»Was redest du denn da? Welchen Penner?«

»Äh, Wilfried, den du in unserer Wohnung beherbergst?«

»Flo, hörst du mir gar nicht zu? Der Penner, wie du ihn nennst, heißt doch nicht Wilfried, er heißt Olaf. Der Fuchs heißt Wilfried. Ich habe ihm den Namen nicht gegeben, das war Olaf. Der Fuchs heißt aber nun mal so. Wir können ihn nicht einfach umbenennen.«

Florian, der immer noch aufrecht stand, ließ den Kerzenständer auf den Boden fallen und fiel in das Sofa zurück. »Du willst mir jetzt sagen, ein wilder Fuchs liegt in *unserer* Küche?«

»Ja und ich möchte ihn behalten über den Winter. Er ist nicht wild. Er ist zahmer als ein Hund, frisst

59

Katzenfutter und man kann ihn abends rauslassen, er kommt zurück.«

»Also Olaf, ich meine Wilfried, äh, der Fuchs ist demnach der, von dem du mir erzählt hast? Der, den du kennengelernt hast? Der Grund, warum sich einiges verändern wird?«

»Genau und du musst ihn dir anschauen, er ist so süß. Ich glaube, er versteht alles, was ich ihm erzähle. Er ist das schlauste Tier der Welt. Ich war zwei Wochen überhaupt nicht mehr einsam.« Miriams Augen leuchteten, sie hatte jetzt seine Hand in ihre genommen und schaute ihn an wie ein kleines Kind, das um ein Eis bettelt. »Er ist mein Freund. Bitte, lass ihn hier, nur über den Winter. Ich weiß, dass du keine Haustiere magst, aber er ist anders, echt sauber, wirklich!«

Florian war nicht mehr wütend, er war nach seinem Eifersuchtskopfkino, das ihn den ganzen Flug über gequält hatte, einfach nur extrem erleichtert, nachdem er verstanden hatte, dass Miriam nicht fremdgegangen war. Sein Adrenalinpegel ging wieder runter und sie tat ihm leid mit ihren flehenden Augen. Vielleicht war das der Grund, warum er sagte: »Ich schaue mir das Tier an, und wenn es so ist, wie du sagst, können wir überlegen, ob wir das machen. Ich meine, sollte er tatsächlich stubenrein sein, was ich immer noch nicht glauben kann.«

Miriam sprang ihrem Freund in die Arme, küsste ihn auf den Mund, dann zog sie ihn an der Hand vom Sofa: »Kannst du! Komm, ihr lernt euch jetzt einfach kennen, dann wirst du selbst sehen.« Wie ein kleines Kind wenige Meter vor einem Abenteuerspielplatz stürzte sie in die Küche, Florian folgte ihr. Als er durch die Küchentür ging, sah er seine Freundin auf den Fliesen knien. Da stand ein Körbchen vor dem Küchenregal. Miriam streichelte einen Fuchs. Den goldenen Knopf in dessen Ohr und das gelbe Bändchen mit dem Steiff-Logo erkannte Florian sofort. Ihm schossen so plötzlich wie unerwartet Tränen in die Augen und er wusste nun, dass er sie nie hätte drei Wochen alleine lassen dürfen.

Nachkriegskleid

D-Day, 6. Juni 1944. Zwischen dickem Qualm erkannte er die auf dem Boden kauernden Silhouetten seiner Kameraden im Schützengraben. »Rückzug, Rückzug! Die Stellung ist nicht zu halten!«, brüllte Leutnant Alfred Steinn, den die Wucht der Druckwelle auf den Erdboden geschleudert hatte, und verstand dabei sein eigenes Wort nicht. In unmittelbarer Nähe war eine Granate explodiert, hatte Dreck und Staub aufgewirbelt und Felssplitter in alle Richtungen geschossen. Gliedmaßen und Helme waren die Böschung heruntergekatapultiert worden. Von überallher drangen Schreie an Steinns Ohr, die ihn an das markerschütternde Quieken der Schweine erinnerten, die er als kleiner Junge vom Schlachthof her hörte, der neben seinem Elternhaus lag. Er hatte immer gewusst, wann Schlachtfest war. *Schlachtfest* war *jetzt*!

Es roch nach verschossener Munition, verbrannter Kleidung und gegrilltem Fleisch. Die Kugeln der feindlichen Gewehre zischten an ihm vorbei, schlugen in den aufgeschütteten Haufen Erde unter ihm ein. Mein Gott, was ist nur passiert, dachte Steinn und konnte keinen Befehl mehr aussprechen. Wie paralysiert fixierte der sonst so agile und disziplinierte Leutnant, der immer wusste, was zu tun war, so als könne er Dinge voraussehen, den Strand. *Es müssen Hunderte sein. Nein, Tausende!*

Tausende amerikanische Soldaten, die tot im Sand lagen. Andere, die gerade erst von den Landungsbooten abgesetzt worden waren, versteckten sich hinter ihren gefallenen Kameraden, schossen aus Sandgruben oder Kratern, die heute Morgen die Bomben der Flugzeuge gerissen hatten. In der letzten Stunde hatten die Amerikaner sich die Überlegenheit erkämpft. Im Minutentakt hatten die Boote Tausende GIs auf den Küstenstreifen gespuckt. Die Ersten hatten keine Chance gehabt, wurden noch in den Landungsbooten vom gezielten MG-Feuer oder Scharfschützen der Wehrmacht niedergemetzelt, am Strand vom Rommelspargel zerfetzt. Jetzt hatten sie sich bis zu den Klippen durchgeschossen, sich neu formiert, mit Granaten die deutschen Stellungen eliminiert und erklommen die Felsen. Ein farbiger US-Soldat mit riesigem Bauch lag seitlich, ohne linkes Bein und mit mehreren

63

Schusswunden am Oberkörper, im Sand. Er schrie nicht, sondern starrte auf die Anhöhe, auf der sich Steinns Stellung befand. *Sieht er mich? Hat er die Granate geworfen?* Der Leutnant war immer noch nicht in der Lage, sich zu rühren. Ein Panzer überfuhr mit schweren Ketten eine Vertiefung, die Strand, Stacheldraht und Wiese trennte. Ein M4 Sherman Tank, drei Meter hoch, fünf Meter breit, fünf Mann im Kesselraum. Steinn kannte sich aus. Das olivgrüne Kettenfahrzeug mit weißen Sternen richtete seine 75-MM Kanone auf den Bunker, der etwa zwei Kilometer östlich von Steinn auf ungefähr 25 Metern Höhe an der Steilküste der Colleville-sur-Mer lag. Er würde treffen. Nur noch schwach und vereinzelt schlug Sperrfeuer aus den Schießscharten.

»Herr Leutnant Steinn. Was ist? Was sollen wir machen?« Der Gefreite Wenk war auf ihn zu gerobbt und sah ihn mit entsetzten Augen an, krustiger Schlamm und Blut überzogen sein Gesicht. Der braune Kinnriemen seines Stahlhelms war gerissen und der Helm rutschte ihm über das rechte Ohr. Mit beiden Händen hielt er seinen Karabiner fest umklammert. »Befehl zum Rückzug, Graben verlassen und am Hauptquartier sammeln«, schrie Steinn.

»Was? Ich kann Sie nicht verstehen«, brüllte Wenk.

Steinn schrie so laut, dass seine Kehle schmerzte: »Mensch, schieb deinen Arsch aus dem Loch und nimm Müller mit. Wer seine Beine noch hat, läuft hinterher.« Unteroffizier Müller kauerte ohne Schutzhelm und Gewehr hinter Wenk im Dreck, grinste und rupfte Gras aus einem Sandhaufen. »Ich habe ein Gänseblümchen gefunden, Wenk, guck hier, es duftet nach Liebe«, sagte er.

»Es duftet wahrhaftig nach Liebe«, sagte Alfred Steinn und schaute lustvoll auf den dampfenden Teller vor sich. Er saß in einem der geflochtenen, braunen Korbsessel auf der Veranda seiner Villa im Berliner Grunewald. Es war ein herrlicher Frühsommernachmittag. Angenehm warm und mit hellblauem, wolkenlosem Himmel. Hinten auf ihrer weitläufigen Wiese hörten die Steinns den Rasenmäher. Der Gärtner stutzte den englischen Rasen noch um ein paar Millimeter. Es roch nach jungem Gras. Die Hecken um den Naturteich, der über einen Steg direkt mit der Veranda verbunden war, waren beschnitten. Das Wasser leuchtete in sauberem, hellem Grün. Seit letzter Woche konnte man hier wieder schwimmen. Morgen sollte alles perfekt aussehen.

»Na, dann hoffe ich, dir schmeckt der Braten, Alfred«, sagte Steinns Frau, die eine Porzellanschale mit frisch zubereiteten Petersilienkartoffeln auf den weißen Pinienholztisch stellte. Steinn sah, wie das goldene Amulett, das seine Gattin um den faltigen, braunen Hals trug, in der Sonne blitze. Er hatte es ihr zu ihrem 70. Geburtstag geschenkt. Wenn man es aufklappte, sah man auf ein Foto mit ihren fünf Enkelkindern, das Steinn vor zwei Jahren auf einem Familientreffen geschossen hatte. Seine Enkel, die sich allesamt prächtig entwickelt hatten, waren gut getroffen. Kein Wunder, dachte er, seine perfekten Gene, die er mit Helgas adligem Blut gekreuzt hatte, traten optisch und charakterlich deutlich hervor. Verzückt beobachtete er seine Frau, wie sie elegant das weiße Kleid mit Blümchen-Lochmuster an den Oberschenkeln glatt strich und sich auf den Stuhl neben ihm setzte. Er liebte Kleider, das wusste sie. Hosen hatte sie nie angezogen, seit er Helga kurz nach dem Krieg auf einem Tanzabend in seiner Heimatstadt Hameln kennengelernt und sich, nachdem sie ein paar Mal ausgegangen waren, schnell und heftig verliebt hatte. Das hatte bis heute angehalten. Wie ansehnlich und hübsch sie doch geblieben ist. Obgleich in Gänze ergraute Haare und in ihren Bewegungen verlangsamt, war sie doch immer noch jene anmutige Gräfin, die damals seine seelischen Wunden geheilt und mit ihrer Liebe dazu beigetragen hatte, dass er nun auf eine so schöne Lebenszeit zurückblicken konnte.

»Helgachen, mein Schatz, es heißt *T-Bone-Steak*, nicht Braten. Aber es schmeckt köstlich, genau so blutig, oder, sagen wir *rare*, wie Phil es mag.« Steinn hatte sich ein Stück aus dem saftigen Kalbfleisch geschnitten. Das Blut vermischte sich auf dem Teller mit Kräuterbutter und Worcester-Senf-Sauce. Der mittige Knochen des Fleisches bildete ein deutlich erkennbares T. Steinn schmatzte und nahm ein Schluck Weizenbier.

»Ich bin ja immer noch der Meinung, wir hätten ihm etwas typisch Deutsches kochen sollen. Dein amerikanischer Freund liebt jedenfalls die hiesige Küche. Wenigstens bekommt er Kartoffeln und nicht diese frittierten Stäbchen«, sagte Helga.

»Schatz, vor zwei Jahren hast du ihm doch erst deine köstlichen Rindsrouladen mit Klößen und Sauerkraut zubereitet und vergangenen Sommer, als wir die Smiths in Virginia besucht haben, hast du übrigens die *Fries* mit Genuss gegessen.«

Sie lachte. »Ja, aber die waren ganz sicher nicht so lecker wie meine Kartoffeln. Gut, dass Phil und Lissy eine volle Woche bleiben, wir können mit ihnen ja an einem Abend ins Vivaldi essen gehen.« Sie machte eine kurze Pause. »Wir sagen aber morgen nicht, dass wir heute schon einen Probelauf mit dem Abendessen gemacht haben, das hast du mir versprochen, nicht wahr?«

»Ja, tun wir natürlich nicht, dann mach aber jetzt auch den Probelauf.«

Helga nahm das Silberbesteck in die Hand und schaute lächelnd auf die gelbe Porzellanvase in der Mitte des Tisches. »Meinst du, Lissy werden die weißen Rosen gefallen?«

»Na klar, sie sind bezaubernd, nicht so wie *du*, aber ja, bezaubernd«, sagte Steinn und warf einen flüchtigen Blick auf die Blumen.

»Ach, Bärchen, weißt du, ich liebe dich so sehr, du bist so charmant.«

»Ich dich auch und jetzt iss bitte, du bist ja diesmal aufgeregter als ich.«

Helga schnitt sich zaghaft einen dünnen Streifen von einer Kartoffel ab. Steinn war unsagbar froh, dass er so eine sensible und gutherzige Frau an seiner Seite wähnen konnte. Er fühlte sich mit seinen 76 Jahren so jung wie nie und sie hatte zweifelsohne einen Anteil daran. Sie und der Mann, der morgen nach langem sehnlichem Warten kommen sollte. Der Tag lag endlich wieder unmittelbar vor ihm. Der 6. Juni, diesmal ein ausgesprochen besonderer: der 6. Juni 1984, auf den Tag genau 40 Jahre, nachdem er seinen Freund Phil das erste Mal gesehen hatte, einen dicken, dunkelhäutigen amerikanischen Soldaten, verwundet am Strand der Normandie liegend. Ohne linkes Bein. Damals hatte das durchdringende Gefühl von Steinn Besitz ergriffen, dass Phil ihn im Schützengraben entdeckt hatte. Noch heute war er der Überzeugung, obwohl Phil mehrfach zum Ausdruck gebracht hatte, dass das Quatsch wäre. *Vielleicht wird er sich ja diesmal erinnern.* Eventuell könnte er das zumindest dem Journalisten der Berliner Tageszeitung erzählen, der sich für morgen Abend angekündigt hatte. Das würde ihre wundersame Geschichte, die Deutsche und Amerikaner in beiden Ländern gleichermaßen so rührte, einfach noch ein Stück faszinierender machen und abrunden. Aber auch so war sie natürlich märchenhaft.

Er hatte Helga während ihrer Ehe oft und immer

69

schwer betroffen von seinen furchtbaren Erlebnissen während der Invasion der Alliierten in Frankreich erzählt. Und davon, wie er den Blick im Angesicht seines eigenen, drohenden Todes nicht von jenem amerikanischen Soldaten lassen konnte, der in weniger als 20 Stunden auf seiner Veranda sitzen und mit ihm Bier trinken würde, während Helga und Phils Frau Lissy eine Runde durch den blühenden Garten drehen würden. Jedes Jahr hatten sich alle so vieles zu erzählen. Das war seit dem ersten Tag so, als sich alle am Omaha Beach, wie ihn die Amerikaner genannt hatten, und wie es auch in den Geschichtsbüchern seiner Enkel vermerkt war, getroffen hatten. Er war Phil sofort in die Arme gefallen, beide hatten Myriaden von Tränen vergossen. Es hatte keinen Zweifel gegeben, Steinn hatte den Mann wiedererkannt, den er nach dem Granateneinschlag, bei dem drei seiner Kameraden ihr Leben lassen mussten, am Strand angegafft hatte.

Helga hatte gemerkt, dass Phil eine besondere Rolle im Leben ihres Gatten spielen sollte und hatte ihn selbst ein ums andere Mal ermutigt, diesen Soldaten zu suchen. Ohne sie hätte er wahrscheinlich nicht mit dem amerikanischen Militär Kontakt aufgenommen und nicht nach Phils Einheit forschen lassen. Deutsche und US-Presse hatten ihn letztendlich unterstützt und schließlich hatte sich eine Behörde in Virginia gemeldet, die Phil ausfindig gemacht hatte. Und nach der Erlaubnis für die Kontaktaufnahme, hatte Alfred seinen ersten Brief geschrieben und eine Woche später eine rührende Antwort erhalten. Phil hatte ihm in herzergreifenden Zeilen so viel zurückgeschrieben: von seiner Angst auf dem Landungsboot, vom Moment seiner Verwundung durch ein deutsches Gewehr, von den vielen Monaten in Krankenhäusern, von seinen anfänglichen Gehversuchen mit der Prothese und schließlich von Lissy und seinen Kindern. Sein Satz, es gehe ihm heute sehr gut und er würde sich unbedingt mit ihm in Frankreich treffen wollen, hatte ihm schon beim Lesen Freudentränen in die Augen schießen lassen. Die erste Zusammenkunft fand im Sommer 1968 statt, seither hatten sie sich jedes Jahr getroffen, abwechselnd in Richmond und in Berlin. Jetzt sollte es das 17. Treffen werden. Jedes Mal war Steinn für die Reisekosten und für den Flug aufgekommen, das war kein Problem, er konnte es sich leisten, er hatte es zu etwas gebracht nach dem Krieg und ein großes Vermögen angehäuft. Steinn hoffte es zwar nicht, und bei dem Ehrgeiz, den schon jetzt alle

71

zeigten, war das auch nicht abzusehen, aber, wenn sie denn wollten, würden nicht mal seine Enkel je arbeiten müssen, so viel Geld und Besitztümer gehörten ihm. Doch auch, wenn er sich in der Tat alles leisten konnte, so zählten dessen ungeachtet Liebe und Freundschaft so viel mehr für ihn. Und zu keiner Zeit war ihn das Gefühl überkommen, dass Phil und Lissy ihn wegen seines Reichtums mochten. Sie waren so bescheidene Leute. Im nächsten Jahr sollten seine beiden ältesten Enkel so weit sein, dass sie mit in die USA würden reisen können. Natürlich musste er ihnen bereits versprechen, dass sie Disneyland besuchen würden. Seine Enkelkinder liebten Phil, genau wie seine Kinder, und alle spürten, dass sich eine außergewöhnliche Nähe und Freundschaft zwischen den Männern entwickelt hatte.

»Habe ich dir erzählt, dass Phils Enkelinnen nächstes Jahr mit ins Disney-Land kommen, Helga?«

»Nein, hast du nicht. Aber sie sprechen ja Englisch, ich kann sie nicht verstehen.«

Der Rasenmäher gab einen so lauten Knall von sich, dass Teller und Gläser auf dem Tisch wackelten und einen schrillen Pfeifton von sich gaben. Steinn zuckte zusammen wie eine Forelle an der Angel. Er holte tief Luft und verschluckte sich am Steak. Er hustete, das Blut spritzte ihm aus dem Mund und er blickte stumpf, voller

Angst und Wut auf den Pinienholztisch. *Warum* war er so wütend? Die Petersilienbutter auf den Kartoffeln zerlief und färbte sie in ein dunkles Grün. Jetzt sahen sie aus wie amerikanische Eiergranaten. Die weißen Rosen und die gelbe Vase schrumpften und formten sich zu einem einzigen, kleinen Gänseblümchen.

»Ich kann *sie* nicht verstehen«, schrie Helga.

»Ich kann *Sie* nicht verstehen«, wiederholte Helga mit einer tiefen, männlichen Stimme.

Steinn verstand nicht, es knallte erneut, wieder und noch mal. Er schrie, bis ihm die Kehle schmerzte: »Wenk, Müller aus dem Graben. Alle raus, schnell und mir nach.« Wenk wusste nicht, was zu tun war, fassungslos und voller Entsetzen hatte er versucht, seinem Vorgesetzten zuzuhören, aber der war stumm wie ein Blindgänger »Ich kann Sie nicht verstehen«, brüllte Wenk wieder und wieder und versuchte, seinem Vorgesetzten dabei direkt in die Augen zu sehen. Das, was darunter war, konnte und wollte er einfach nicht angucken. Er fürchtete, ohnmächtig zu werden, wenn er das hätte tun sollen. Müller hinter ihm hatte sich bereits erbrochen, saß jetzt auf dem Boden und rupfte Gras aus einem Erdhaufen.

»Leutnant Steinn, beruhigen Sie sich, es ist gleich vorbei. Ich kann nicht verstehen, was Sie wollen«, sagte Wenk, weil er nicht wusste, was er hätte sonst noch machen können.

»Wieso nicht, sind Sie bescheuert?«, quiekte Steinn wie ein Schwein auf dem Schlachthof neben seinem Elternhaus. Er kauerte im Graben und es sah aus, als stehe er in einem Loch, aber da war keines. Seine Beine fehlten und der Rumpf wippte in einer Lache von Blut. Steinns mausgraue Uniform war bis auf die Nähte heruntergebrannt, das rosa Fleisch darunter dampfte und zischte. Seine bluttriefende Zunge hing wie ein Steak unter seiner verkohlten Nase. Sein Unterkiefer war zerbrochen und formte mit dem Oberkieferknochen ein T, mit dem er versuchte, Worte zu formen. Wenk hatte so viel Mitleid mit jenem Mann, mit dem er drei Jahre lang Seite an Seite gekämpft hatte, dass er den Kugelhagel um sich für einen Moment vergaß. Er stach ihm zwei Morphiumspritzen in den Oberarm.

»Scheiße, ich glaube, mich hat eine Kugel in den Arm getroffen«, kreischte Steinn, aber niemand hörte ihn. Sein Rumpf zuckte und in seinen Augen sahen Wenk und Müller jetzt entsetzliche Furcht.

»Leben Sie wohl«, sagte Wenk und hievte sich aus

dem Schützengraben. Müller drückte dem Leutnant das Gänseblümchen in die Hand. »Riecht nach Liebe«, sagte er und zog sich am Grabenrand hoch.

Die Flugsimulantin

Die genau 40 Paxe erschienen ihr bislang relativ gelassen auf ihren Sitzen. Das Flugzeug war noch nicht gestartet. Einige telefonierten, Andere guckten etwas besorgt aus den Fenstern. Viele kauten Kaugummi, Manche lachten, die Letzten drückten ihr Handgepäck in die Stauräume unter den Sitzbänken. Paxe, so nannte Yvonne die Passagiere, wenn sie unter Kollegen sprach. Heute hatte sie ganz besondere Gäste vor sich: Angst-Paxe! Nicht, dass sie die nicht kannte, aber so einen Haufen auf einmal, das war neu. Yvonne wartete voller Spannung darauf, was gleich auf sie zukommen sollte.

Natürlich hatte sie selbst in ihrer Ausbildung zur Flugbegleiterin mehrmals in Flugsimulatoren gesessen. Doch hatten die sich, so realistisch sie Dinge auch abbildeten, auf Simulationen aus dem Cockpit heraus beschränkt. Aber sie fand, dass der *Airbus 0 Angst* eine gelungene Innovation des Trainingscenters ihrer Fluggesellschaft darstellte. Damit zeichnete diese sich als Vorreiter in der Flugangstbewältigungstherapie aus, zumindest urteilten die Medien bereits so.

Heute sollte Yvonne ihren ersten simulierten Flug

dieser Art erleben, seit das bahnbrechende Hightechgerät vor zwei Wochen in die Kontrollphase gegangen war. Getestet wurde mit real an Aviophobie leidenden Personen, auf die sich das Programm zukünftig konzentrieren sollte.

Erstaunliches hatte sie vom Projektleiter erfahren. Tatsächlich hatten 90 Prozent der bisherigen Probanden nach der Behandlung angegeben, ihre Flugangst sei deutlich gesunken. 28 Prozent hatten anschließend direkt einen echten Flug gebucht – auch ein wirtschaftlicher Gewinn ihrer Airline. Nur acht Prozent hatten angegeben, die Simulation habe nichts bewirkt. Zwei Prozent fürchteten sich mehr als vorher. Insgesamt ein erstaunliches Ergebnis. Am Projekt beteiligte Psychologen vermuteten, dass innerhalb des zweieinhalbstündigen Fluges ein Gewöhnungseffekt in Bezug auf Gefahren einsetze. Die Passagiere erlebten die dramatische Geburt eines Kindes mit, erfuhren von der schlimmen, ansteckenden Krankheit eines Fluggastes und von einer an Bord geschmuggelten Bombe durch einen islamistischen Terroristen. Und weil sie dabei erkannten, dass Kapitäne und Bordpersonal doch alles

77

regelten, wurden sie gelassener. Die Angstpatienten merkten, nachdem sie den Ausfall der ersten Turbine überstanden hatten, dass das Flugzeug trotzdem weiterflog. Nach dem Wegfall der zweiten Turbine lernten sie das Notfalltriebwerk kennen und sollten quasi live miterleben, dass die Maschine auch ohne Schub noch bis zu 600 Kilometer segeln konnte, und nicht, wie fälschlicherweise oft angenommen wird, wie ein Stein vom Himmel fällt.

Der Gong ertönte, Yvonne zog ihren kurzen Rock glatt, versteckte zwei blonde Haarsträhnen unter ihrem roten Schiffchen-Hut mit blauem Adler-Symbol und erhob sich. Sie war zusammen mit einer Kollegin auserwählt, die Sicherheitsanweisungen zu simulieren. Carsten, der männliche Flugbegleiter an Bord, blieb auf seinem Sitz. Wie auf Kommando eines Drill-Instructors waren alle Passagiere sofort konzentriert, legten ihre Zeitungen beiseite, schnallten sich an und richteten ihren Blick erwartungsvoll auf die zwei Stewardessen. So viel Aufmerksamkeit hatte Yvonne bisher auf echten Flügen nie bekommen und sie genoss diesen Moment. Sie schaute pflichtbewusst über die Gäste. Der muslimische Schauspieler mit langem schwarzen Bart und weißem Turban auf dem Kopf, der den Terroristen mimen sollte, lächelte sie an. Seine Schauspielkollegin war schwanger, sie hatte sich wohl schon ein Kissen unter ihre Bluse gestopft.

Die schlanke Flugbegleiterin mit den rot lackierten Fingernägeln hörte den Schlepper, der an das Cockpit andockte und die Hydraulik knarren. Es war ihr alles außerordentlich vertraut. Der Flieger rollte. Mit gewohnt ruhiger Stimme setzte sie an: »Sehr geehrte Damen und Herren, wir bitten sie um ihre Aufmerksamkeit für einige wichtige Sicherheitshinweise. Bitte vergewissern sie sich, dass schweres Handgepäck fest unter ihrem Vordersitz verstaut ist. Die Gepäckablagefächer über ihren Sitzen sind nur für leichte Gegenstände und Garderobe geeignet ...« Den Text spulte sie aus dem Effeff ab. Als die Maschine auf die Startbahn fuhr und die Starterlaubnis erteilt wurde, setzte sie sich wieder auf ihren Platz, von dem aus sie einen guten Blick auf die Patienten hatte, und zog ebenfalls ihren Sicherheitsgurt fest. Die Startgeschwindigkeit von 300 Stundenkilometern drückte ihren Brustkorb etwas nach vorne. Yvonne beobachtete die Passagiere, die sich jetzt verkrampft an ihren Sitzlehnen festklammerten. Einige bewegten beim einsetzenden Steigflug ihren Oberkörper nach oben. Die Flugbegleiterin kannte das bereits, die Angst-Paxe versuchten, sich leichter zu machen oder das Flugzeug selbst zu steuern.

Innerlich schmunzelte Yvonne. Aber ihr war natürlich bewusst, dass diese Menschen vor ihr litten. Der Terrorist hingegen blieb ganz gechillt und spielte auf seinem Handy herum. Idiot, dachte Yvonne, das soll doch in den ersten Minuten des Fluges alles möglichst echt aussehen, Telefone waren beim Start verboten. Oder gehörte das schon zur Panikerzeugung? Vermutlich ja, denn die Schwangere hielt sich schon den Unterleib und stöhnte.

Das Flugzeug flog eine Kurve, Yvonne blickte auf die schräg am Fenster auftauchende Skyline des Frankfurter Flughafens. Genau wie sie es aus der Realität kannte. Da hatten die Ingenieure und Programmierer ganze Arbeit geleistet. Die gerade 27-jährige Yvonne war jetzt seit fünf Jahren im Dienst. Sie mochte ihren Job und genoss es, in so kurzen Zeitabständen an derart vielen verschiedenen Orten der Welt sein zu können. Und auch, wenn ihr oft nur wenig Gelegenheit für Entdeckungen blieb, was hatte sie nicht schon alles gesehen: den Central Park in New York, die Chinesische Mauer, die Aztekentempel in Mexiko, die Strände der Seychellen. Sie lernte Menschen kennen, jeden Tag neue und interessantere. Sie kam mit ihren Teams wunderbar klar und hätte sich momentan keinen reizvolleren Job vorstellen können. Ja, Saftschubse zu sein, das war schon was, dachte sie und grinste.

Natürlich bedeutete ihre Arbeit ebenso Stress: check in, check out, viel zu kurze Nächte, auch zu kurze Tage. Wegen ihres Schichtdienstes verlor sie das Gefühl für Zeit und Raum. Sie fand keinen Schlaf in L. A., gleichfalls nicht in Paris, sie startete von Bangkok, sah sich im nächsten Moment in Sidney. Sie hatte Schlafprobleme, schlief miserabel ein, wachte mehrmals des Nachts auf. Und die Kopfschmerzen waren heftiger geworden in den letzten Wochen. Sie wusste, beim nächsten Aufenthalt in Frankfurt würde ein Arztbesuch unausweichlich sein. Jetzt aber verweilte sie nur einen einzigen Tag in ihrer Heimatstadt – nur für die Übung. Morgen früh würde sie direkt nach Kapstadt fliegen. Yvonne war ein positiver und optimistischer Mensch. Dass sie in den vergangenen Wochen mehrfach einfach so das Bewusstsein verloren hatte, machte ihr jedoch ernsthaft Sorgen. Glücklicherweise war das noch nie im Dienst passiert. Sie mochte es nicht, wenn sich andere

81

um sie sorgten. Sie umsorgte sich lieber selbst oder ihre Mitmenschen und das wurde auch heute von ihr gefordert.

Yvonne spürte einen stechenden Schmerz in ihren Augenhöhlen, ihr Kopf dröhnte, sie schwitzte leicht und hoffte, dass das nicht wieder Anzeichen für ihre Migräne waren. Sie stand auf, ging in die Bordküche und lockerte den Gummizug ihrer roten Fliege, die sie um den Hals trug. Dann zog sie den Speisewagen in den Gang. Die Patienten sollten Hühnerfrikassee mit Reis und Erbsen serviert bekommen, dazu Knäckebrot, Käse und Quark mit Orangen. Auch ein vegetarisches Curry-Reis-Risotto war im Angebot. Das ist ja mal ein Wahnsinnsservice, dachte Yvonne. Na gut, realistisch ist realistisch und schließlich sollten die Leute ja einiges zahlen für die Therapie. Bislang gab es weder von gesetzlichen noch von privaten Krankenkassen grünes Licht für die Kostenübernahme.

Zum Essen bestellten auffällig viele Paxe Tomatensaft. Yvonne fand das merkwürdig, denn sie hatte mal gelesen, dass Tomatensaft deswegen so gerne über den Wolken verzehrt werde, weil der Geschmack von Gemüse dort im Gegensatz zu andern Lebensmitteln intensiver bliebe. Hier am Boden konnte das ja demnach eigentlich gar nicht sein. Aber anscheinend war der psychologische Effekt doch stärker als angenommen, dachte sie, als die Paxe sich über den gepfefferten Tomatensaft hermachten wie Vampire, die gerade ein Blutkonservenlager geplündert hatten. Naja, die Projektstatistiker würden das sicher registrieren und auswerten.

Kurz nachdem die Patienten ihre Mahlzeit beendet hatten, fing die Schwangere an, wie ein gehetztes Wildschwein kurz vor seinem Todesschuss zu schreien. Yvonne dachte, es wäre jetzt an der Zeit, so zu tun, als komme sie zu Hilfe. Das knappe Drehbuch, das alle teilnehmenden Schauspieler und Flugbegleiter zuvor bekommen hatten, sah es so vor. Sie ging zu der Darstellerin, die, wie sie fand, überaus überzeugend agierte. Sie war blass und mimte ein schmerzverzerrtes Gesicht. Als Yvonne an ihr vorbei ging, packte diese ihren Ärmel und zog heftig daran. »Wir müssen landen«, jammerte sie und die Flugbegleiterin sah, wie sich ein roter See auf dem Rock der Frau und auf dem Polster unter ihr ausbreitete.

»Einen Arzt, einen Arzt, wir brauchen einen Arzt!«, schrie die Passagierin neben der Schwangeren. Yvonne musste heftig schlucken. Konnte das sein? So stellte sie sich doch eine echte Geburt vor. Verdammt, sie fühlte sich gar nicht vorbereitet auf so eine Situation. Ein Mann in Kragenhemd stand vier Sitzreihen hinter dem unglaublichen Szenario auf. Auch ein Schauspieler? Sie hatte gar nicht gewusst, dass noch ein weiterer im Simulator saß. »Lassen Sie mich durch, machen Sie Platz! Ich bin Arzt! Die Frau bekommt ihr Kind«, rief der Mann, der den beiden Passagieren neben der Schwangeren, bedeutete, ihre Sitze zu verlassen und sich dann die Hemdärmel hochkrempelte. »Glotzen Sie nicht so blöd! Sagen Sie jetzt endlich dem Kapitän Bescheid, wir müssen sofort runter. *Sofort!*«, schrie der Schauspieler realitätsnah in ihre Richtung. Yvonne wusste nicht, was sie machen sollte, was da von ihr erwartet wurde, im Skript stand das jedenfalls nicht. Oder hatte sie es nicht zu Ende gelesen?

Unglaublich, sie war doch eine Flugbegleiterin und hatte nicht am Theater gelernt. Man hätte sie aber auch ein bisschen besser vorbereiten können. Yvonne drehte sich um, ihre beiden Kollegen saßen nicht mehr auf den ihnen zugewiesenen Sitzen. Okay, sie sollte das vermutlich übernehmen. Sie lief den Gang runter zum Cockpit. Vor der Tür blieb die Stewardess stehen, sollte sie jetzt tatsächlich klingeln? Wohl kaum! Sie wusste doch, dass dahinter niemand ein Flugzeug oder einen Simulator steuerte. Zumindest hatte ihr keiner etwas davon gesagt, dass auch Piloten nachgestellt würden. Weiter darüber nachdenken, konnte sie aber sowieso nicht. Ein Knall von draußen ließ ihr das Blut im Herzen gefrieren. Der Flugzeugmotor heulte wie eine Silvesterrakete, der Flieger bekam extreme Schieflage und ruckelte wie ein altes Auto auf einer indischen Schlaglochpiste. Die Passagiere hinter Yvonne kreischten und brüllten, und als sie ein paar Meter zurücklief und aus dem Fenster blickte, sah sie das Triebwerk in Flammen stehen. *Meine Güte, was ist denn das?*

Yvonne hätte nicht gedacht, dass auch sie während der Übung so viel Angst bekommen würde. Die 90 Prozent, die nach dieser Panikübung geheilt sein sollten, konnte sie sich nicht mehr erklären, fast befürchtete sie, selbst noch an pathologischer Flugangst zu erkranken. Die Paxe tobten jetzt wie gänzlich von Sinnen und wild durcheinander, Plastikschalen und Essensreste flogen durch die Gänge. Das konnte doch wohl wirklich nicht mehr Sinn der Angstbewältigung sein, so was löst doch eher Traumata aus, dachte Yvonne, die das Gefühl ereilte, in der TV-Show *Mayday. Alarm im Cockpit* mitzuwirken. Die Stiche hinter den Augenhöhlen der Stewardess durchbohrten jetzt ihren gesamten Schädel. Am anderen Ende des Ganges sah sie ihre beiden Kollegen, die versuchten einen um sich schlagenden älteren Herren zurück auf seinen Platz zu drücken. »Carsten«, rief sie. »Was ist d...«

»Yvonne runter, schnell!« Steward Carsten schaute sie mit verzerrtem Gesicht an. Reflexartig warf sich die Flugbegleiterin auf den Boden. Ihr Kopf prallte dabei mit satter Wucht gegen eine Armlehne, sie spürte Blut in ihr Gesicht strömen. »Okay, *jetzt* reicht es!«, schrie sie. So eine Scheiße konnte man hier doch nicht abziehen. Sie erwartete, dass die Simulation sofort abgebrochen würde, aber *sofort!* Sie brüllte: »Aufhören!«

Hinter ihr gab es erneut einen Knall, diesmal von drinnen. Ein Schuss! Sie sah, wie Carsten sich an die Brust fasste. Seine Uniform sog sich mit seinem Blut voll wie ein Küchentuch mit verschüttetem Tomatensaft. Das Geschrei der Passagiere übertönte inzwischen das Turbinengeräusch. Yvonne drehte sich auf den Rücken, zitterte und schaute nach oben. Der muslimische Schauspieler – war er ein Schauspieler? – hatte seinen Mantel ausgezogen und sie konnte einen Gurt mit

Dynamitstangen an seiner Taille erkennen. Sie kniff die Augen zusammen. Stille! Yvonne hörte und sah nichts mehr. War die Simulation endlich beendet? Der Stecker gezogen? *Game over?*

Ein leises Geräusch fuhr durch Yvonnes Gehörgang. Es klang nach Glockenschlägen im Wind. *Das Windspiel auf meinem Balkon.* Sie riss die Augen auf und starrte auf die Silhouette des Kleiderschrankes in ihrem Schlafzimmer, konnte den Duft der Nagellackfläschchen riechen, die immer auf ihrem Nachttisch standen. *Jetzt habe ich nicht nur Einschlafprobleme, ich habe ganz schlimme Albträume!*

Ihr wurde schlagartig klar, dass sie nie in einem Flugzeugsimulator gesessen hatte. Es hatte nie einen *Airbus 0 Angst* gegeben. Er war Teil ihres überstrapazierten und übermüdeten Geistes und sie war soeben aus einem fürchterlichen und abstrusen Traum erwacht. In ihrem Kopf zuckten Stromschläge. Wie durch einen Schleier sah sie den Terroristen, der das Kabel durchtrennte. *Bloß nicht wieder einschlafen!* Yvonne versuchte, sich mit ihren Beinen wach zu strampeln. Es gelang ihr nicht, sie war gelähmt. Ihr Kopf dröhnte lauter als ein Düsenjäger im Tiefflug, ihr Herz schlug schneller als nach dem 400 Meter Sprint, den sie mal als Teenager gelaufen war.

Nichts Neues!, sie wusste, was gleich passieren würde: Eine Astralreise, die Seele entsteigt dem Körper aufgrund von Drogeneinfluss, Meditation oder, wie bei ihr, durch hypnogene Zustände zwischen Traum und Wachsein. Meist geschah das, kurz bevor sie innerhalb eines Albtraumes sterben sollte. Der Geist geriet dann so in Panik, dass er *vor* ihrem Körper, der in natürlicher Schlafparalyse verharrte, wach wurde. Yvonne vernahm das bekannte, innerliche Reißen, das sich von ihren Zehen bis zu ihrem Haaransatz hochzog. Eine unsichtbare Kraft katapultierte ihren Astralkörper unter die Zimmerdecke. Sie schwebte. Sie wusste, wenn sie sich jetzt mithilfe der Macht ihrer Gedanken umdrehte, würde sie ihren schlafenden Körper auf ihrem Bett liegen sehen und dann aufwachen. Die Drehung gelang ihr, doch etwas war anders. Ihre Seele blickte auf ihren schlafenden Körper, doch der trug nicht ihr Nachthemd. Sie lag in ihrer Uniform auf ihrem Bett, aus ihrer Schläfe quoll Blut. Der rote Schiffchen-Hut mit blauem Adler, den sie so liebte, fehlte.

Als die Bewohner des französischen Städtchens Bergerac die Explosion am Himmel über sich bemerkten, blickten die Einen wie gebannt auf die in freiem Fall auseinanderbrechenden und brennenden Flugzeugteile, die Anderen erkannten die Gefahr, liefen in Häuser, unter Bäume oder Dächer von Bushaltestellen, um sich vor den aufschlagenden Trümmern schützen zu können. Das ganze Ausmaß dieses wohl schlimmsten Flugzeugabsturzes über französischem Boden war zu diesem Zeitpunkt noch nicht abzusehen. Das Grauen stürzte auf die so friedliche Weinbauregion Aquitanien herab.

Kaum eine Minute bevor die Flugzeugturbine in das Planschbecken knallte, das in ihrem Garten stand, zog Françoise de Richard ihre kleine Tochter Chloé aus dem Wasser. Sie schaffte es gerade rechtzeitig, sich mit ihrem Kind in die Garage zu flüchten. Chloé war mit ihren drei Jahren viel zu jung, um zu registrieren, was gerade in ihrem Heimatort geschehen war.

Tage später, als das Schlachtfeld vor dem Haus der Familie de Richard langsam wieder aussah wie ein Garten, durfte Chloé zum Spielen raus. Zwischen ein paar Weinreben, die ihre Mutter hier anpflanzte, fand sie einen roten Schiffchen-Hut mit blauem Adler. Erst zauberte er ihr ein hübsches Lächeln ins Gesicht, doch als sie ihn aufzog, durchfuhr ein unerträglicher Schmerz ihren kleinen Schädel. Noch ahnte sie nicht, was das war. Noch ahnte sie nicht, dass sie ihr ganzes Leben unter schwerer Migräne leiden würde.

Der Schätzer

»Es ist einfach unfassbar, du hast einen Schatz ausgebuddelt.« Hauke Visser, der mit einem Spaten in seinem Garten am Rande der ostfriesischen Gemeinde Marienhafe stand, konnte seinen Augen nicht trauen. Mit dem Handrücken wischte sich der dickbäuchige Mann in brauner Trainingshose und mit Dreck und Schweiß durchtränktem Unterhemd, die feuchte Stirn ab. Zwischen seinen ins Gesicht gefallenen Haaren hindurch starrte er in das tiefe Loch, das er in den letzten Stunden ausgehoben hatte. Neben ihm im Gras lagen eine Schaufel und eine leere Wasserflasche.

Es war heiß, Hauke Visser atmete schwer. Vor Hitze, vor Erschöpfung und Aufregung. Sein Blick fiel auf die mit Eisen beschlagene, geöffnete Kiste aus morschem Holz. Der Mann blinzelte. Hunderte Gold- und Silbermünzen reflektierten das gleißende Licht der Mittagssonne. Rund um die Grube verteilten sich haufenweise antike Geldstücke auf dem Rasen. Als er die ersten Reichtümer aus der Schatztruhe genommen hatte, war Hauke Visser ausgeflippt. Er hatte Münzen ekstatisch in die Luft geworfen und über sich regnen lassen. Eine goldene Krone und ein diamantbesetztes Zepter thronten vom Staub befreit ganz oben auf dem aufgeschütteten Sandhaufen. Der 52-Jährige hatte Minuten gebraucht, um die Fassung zurückzuerlangen, konnte jetzt seine Gedanken immer noch nicht unter Kontrolle bringen. Wirre Bilder zogen durch seinen Kopf. Er dachte an Piratenschiffe und Störtebeker. Er dachte an seine Frau Rieke und an seinen Sohn Klaas und daran, wie sie reagieren würden, wenn er ihnen später erklären sollte, dass sie nun reich seien und sich endlich alles zum Guten wenden würde.

In den letzten zwölf Monaten war das Leben des Feuerwehrmannes, der wegen seines ausgeprägten Humors so beliebt gewesen war, völlig aus dem Fahrwasser geraten. Seit diesem einen Tag! Er hatte 30 Jahre seinen Traumberuf gelebt, Menschen kennengelernt, seine Leidenschaft für Technik voll ausschöpfen können. Es hatte nicht viele Großbrände gegeben, eher hatte er Keller ausgepumpt, Katzen von Bäumen gelockt, Rinder zurück auf die Weide getrieben, aber auch das hatte er immer gerne und gewissenhaft getan. Er liebte sein Ostfriesland!

Seine Freude verlor er an jenem 23. Mai im Jahre 2010: gegen vier Uhr morgens Großalarm auf der Feuerwache. Mit der ganzen Mannschaft und allen drei Einsatzwagen rückte er aus. Ein für diese Gegend ungewöhnlich hohes Wohngebäude stand in Flammen. Die Bewohner der ersten fünf Stockwerke hatten sich selbst retten können. Als die Feuerwehrleute eintrafen, standen der sechste und der siebte Stock unter gewaltigem Feuer. Ein älteres Ehepaar, in deren Wohnung der Gasherd explodiert war, hatte es im Schlaf erwischt, sie verbrannten. Die Mieter der achten Etage waren abgeschnitten. Hauke Visser blickte auf Menschen, die noch immer mit Tisch- und Bettdecken aus ihren Fenstern winkten, aber vom schwarzen Rauch schon fast verschluckt wurden. Mit Leitern retteten die Helfer noch zwei Familien, für eine Mutter und ihr siebenjähriges Kind aber, kam jede Hilfe zu spät – *seine* Hilfe zu spät.

Das Sprungtuch, das seine Kollegen aus einem Feuerwehrfahrzeug zerrten, sah die Frau nicht mehr. Der Junge, den sie aus dem Fenster warf, klatschte wie eine Puppe auf das Kopfsteinpflaster. Die Männer und Frauen

93

auf dem Gehweg schrien und fuchtelten mit den Armen. Sie riefen der Frau im Qualm zu, versuchten, sie zu beruhigen. Sie sprang kopfüber aus dem Fenster und schlug dumpf und blutig neben ihrem Sohn auf dem Pflaster auf. Hauke Visser war es, der auf den Jungen zulief, dessen Beine auf unmögliche Weise verdreht waren. Dort, wo einmal ein Kopf gesessen hatte, nur noch eine Pfütze aus Gehirnmasse, Blut und Knochensplittern. Aber die Augen. Ja, die Augen sahen ihn direkt an und die Lippen des Kindes bewegten sich: »Warum hast du uns nicht gerettet? Ich wollte so gerne noch auf dieser Erde bleiben.«

Nachdem der Feuerwehrmann wegen Posttraumatischer Belastungsstörung vom Dienst freigestellt worden war, ging er zweimal die Woche zu einer Psychologin. Er konnte nicht glauben, was sie ihm mehrfach versuchte, zu erklären: Der Junge sei schon tot gewesen und hätte gar nicht mehr mit ihm sprechen können. Er hätte sich das in seiner Panik nur eingebildet. Das war natürlich Quatsch! Hauke Visser hatte ihn doch mit eigenen Ohren gehört und mit eigenen Augen gesehen!

Ein Jahr verbrachte er zu Hause, meistens im Bett. Er konnte sich nicht aufraffen, an nichts anderes denken, keinerlei Freude empfinden. Er war von dem Gedanken regelrecht besessen, seiner Frau und seinem Sohn könne ein ähnliches Schicksal widerfahren. Rieke hielt das nach einigen Wochen nicht mehr aus, verließ ihn und zog mit Klaas aus. Sie wollte den Jungen schützen, sie wollte *sich* schützen, konnte das Leid ihres Mannes nicht mehr mit ansehen und seine Horrorvisionen nicht ertragen. Hauke Visser versuchte, sich zu ändern, stand auf, kümmerte sich um Haus und Garten und hoffte, dass Rieke es bemerkte und zurückkam. Anfangs schrieb er ihr oft SMS: *Kiek mol wedder in! Ich vermiss Dich so, mein Schatz!* Aber sie tat es nie und Hauke Visser erlernte das Weinen.

Rieke verliebte sich in einen anderen Mann. Sie entschuldigte sich, Hauke Visser gab dennoch nicht auf.

Jedes zweite Wochenende und jeden Mittwoch durfte sein Sohn ihn besuchen. Er schlief bei ihm, sie unternahmen viel. Klaas wurde zu seinem einzigen Lebensinhalt – Klaas und die Tiere. Er ging mit ihm in den Zoo, beobachtete ihn am Löwengehege. Der Kleine war fasziniert von Raubkatzen, auch von Affen, Giraffen und Elefanten. Hauke Visser liebte es, dem Jungen zuzusehen. Überall, wo es Tiere gab, da reiste der Vater

95

mit seinem Sohn hin: in den Hamburger Zoo, in den
Bremer Zoo, in sämtliche Zirkusse, die in der Gegend
gastierten. Auch die zweite Leidenschaft seines Kindes
teilte Hauke Visser: Piraten! Er kaufte ihm zum
Geburtstag ein Seeräuberkostüm, das auch Rieke zum
Schmunzeln brachte.

»Du bist jetzt glücklich, du hast es dir verdient.«
Nachher würde seine Frau den Jungen vorbeibringen. Es
war Freitag. Er hatte seinem Sohn an diesem
Wochenende eine ganz besondere Freude machen
wollen. Von einem Bekannten hatte Hauke Visser sich
eine Schaukel liefern lassen. Er hatte sie in der Garage
untergebracht und heute Morgen die Bauteile auf seine
Gartenanlage geschafft, sich dabei offensichtlich genau
die richtige Stelle für die Installation ausgesucht. Der
Spaten war auf etwas Metallenes gestoßen und Hauke
Visser hatte Krone und Zepter gefunden. Ein Schatz in
seinem Garten. Er hatte weiter geschaufelt, die Kiste mit
den Münzen ausgegraben und nun war er reich,
steinreich. Er würde jetzt mit seinem Sohn nach Kenia
reisen und ihm echte Löwen in der Wildnis zeigen
können. Vielleicht machten sie eine Kreuzfahrt durch die
Karibik auf den Spuren leibhaftiger Seeräuber? Und er
würde der Familie ein neues Auto kaufen und ein

eigenes Konto für Rieke einrichten. Sie könnte sich dann alles leisten, was immer sie wollte: Schuhe, Schmuck, Kleider so viel sie begehrte und egal, was sie kosteten. *Jau, so mok wie dat!* Hauke Visser freute sich, Rieke würde nun endlich zu ihm zurückkommen und sie würden eine glückliche Familie werden. Das war ganz sicher!

Riekes roter Golf fuhr den Waldweg hinauf, der zu Hauke Vissers Anwesen führte. Die Reifen wirbelten Sand und Kies auf. Klaas bemerkte die Grube sofort und stürmte mit den Armen wedelnd direkt darauf zu, sein Vater hatte Tränen in den Augen. Vor dem Loch blieb Klaas so abrupt stehen, als würde er mitten in der Sommerhitze einfrieren. »Papa, was ist das?«, fragte er und zeigte mit offenem Mund auf die Truhe. Hauke Visser ging um die Grube herum, hob sein Kind in den Himmel und verriet ihm, dass er einen Piratenschatz gefunden habe und sie jetzt reich wie Könige seien. Er drehte sich um sich selbst und wirbelte seinen Sohn in der Luft herum. Der Junge schaute ihn von oben mit großen Augen an. »Wirklich Papa? Und warum weinst du jetzt? Vor Freude?«

»Jau, echt und ja, ich weine vor Freude, Klaas!«
Hauke Visser jauchzte. Als er Klaas runterließ, der
darauf ins Loch sprang und in den Münzen herum
wühlte, bemerkte er Riekes Hand auf seiner Schulter. Er
drehte sich um und blickte in ihre braunen, leuchtenden
Augen. Sie weinte auch und dann umarmte sie ihn. Ganz
fest, fester als je zuvor. Ihre Lippen berührten seinen
Hals und sie flüsterte: »Mein Schatz, es tut mir so leid.
Ich liebe dich über alles in der Welt und werde jetzt zu
dir zurückkommen. Wir fangen neu an.«

Hauke Visser drückte Rieke und sie fielen auf den
aufgeschütteten Sand. Er spürte Flugzeuge in seinem
Bauch. Er spürte Hubschrauber, Feuerwehrwagen, das
Piratenschiff und das Zirkuszelt unter sich. Er küsste sie,
er knutschte sie und lag mit seinem ganzen Gewicht auf
ihr. Er tat das so lange, bis der Gong ertönte. Er wusste,
dass er gleich gehen musste, aber das würde nichts
ändern. Sein Leben war endlich wieder schön!

Die Menschen in den braunen Jogginganzügen liefen
durch seinen Garten. Sicherlich machten sie sich auf
zum Meer oder zum Essen, dachte Hauke Visser. Er
hatte keinen Hunger und wollte nur noch auf seiner Frau
liegen, solange es irgendwie ginge.

»Es ist einfach unfassbar, du hast einen Schatz
ausgebuddelt«, sagte Pfleger Markus erneut zu seinem

Patienten, der jetzt platt mit dem Gesicht nach unten im Sandkasten lag und verliebt und aufgeregt seine beiden Lieblings-Playmobilfiguren, eine Frau und einen Jungen, streichelte. Unter sich begrub er einen Spielzeughubschrauber, einen Feuerwehrwagen, das Piratenschiff und das Zirkuszelt. Rund um sich hatte Hauke Visser, der einmal ein großes Grundstück in Marienhafe besaß und so gerne mit seinem Sohn Klaas das Störtebekermuseum und den Zoo besucht hatte, noch mehr Spielzeug aufgebaut: einen roten Golf, Löwen, Affen, Giraffen und Elefanten. Schaukel, Wippe und Rutsche in Miniaturformat lagen neben einem Loch, das etwa so groß wie ein Überraschungsei war. Er hatte es vorhin mit einer winzigen Playmobilschaufel ausgelöffelt.

Der Sandkasten der psychiatrischen Klinik Haus Maria Frieden war für die Kinder errichtet worden, die hier ihre kranken Väter oder Mütter besuchten. Aber wirklich nutzen tat ihn nur Hauke Visser, der heute mal wieder den Piratenschatz ausgegraben hatte. Pfleger Markus kannte das schon. »Du bist jetzt glücklich, du hast es dir verdient«, sagte er noch mal.

Das Schicksal des grauhaarigen Mannes vor ihm, der bei einem Wohnungsbrand Frau und Sohn und danach die Nerven verloren hatte, nahm ihn persönlich mit. Er kannte die Diagnose: andauernde Persönlichkeitsänderung nach Extrembelastung mit Wahninhalten. Hauke Visser lebte in einer Traumwelt, in der er glücklich war und Pfleger Markus ließ ihn noch eine Weile. Dann half er ihm aus dem Sandkasten und stützte ihn, während sie in Richtung des Speisesaales gingen. Es war Essenszeit, aber Hauke Visser hatte keinen Hunger.

»Bis Moin, Schatz! Denne bau ich euch een Schloss«, rief er seinen Playmobilfiguren hinterher.

Hypnozähne

"Therapeutische Trance ist fokussierte Aufmerksamkeit, die auf bestmögliche Weise so gesteuert wird, daß der Patient seine Ziele erreicht."

Hi Nina, das oben ist ein Zitat von Milton Erickson, dem Begründer der modernen Hypnose. Ich wollte Dir damit heute nur viel Glück wünschen und, dass Du die Ziele erreichst. Ich denke, wir haben die richtige Methode gefunden. Deine Beate.

Nina Ties sitzt seit einer viertel Stunde auf einem der blauen Stühle im Wartezimmer der hypnotherapeutischen Praxis von Diplom-Psychologe Jürgen Ehrlichmann in München. Aus dem Behandlungsraum dringt sanfter Keyboardsound an ihr Ohr. Sie steckt ihr Handy zurück in ihre kreisrunde Umhängetasche aus gelb gefärbtem Kalbsleder. Ein Summton hat sie vorhin über die E-Mail von Beate informiert, die sie gerade gelesen hat. Sie findet es nett, dass Beate noch einmal an sie denkt und ihr Mut machen will, aber für nötig hält sie das nicht. Beate ist jetzt wohl nervöser als ich, sie hat mich ja erst auf die Möglichkeit mit der Hypnose gebracht. Aber alles ist cool, ich bin mir selbst darüber im Klaren, dass es das Richtige ist, denkt sie. Ein zufriedenes Lächeln zeichnet sich auf dem Gesicht der blonden, 29-Jährigen ab, die heute ihren *Timeless Rosé* Lippenstift trägt. Sie nimmt sich den blauen Flyer mit dem psychotherapeutischen Therapieangebot von dem kniehohen Glastisch, der sich vor ihr befindet. Das Angebot kennt sie zwar schon aus dem Internet, aber sie will sich einfach noch mal bestätigt wissen, dass Dentalphobie auch wirklich behandelt wird. Da steht es in gelben, kursiven Buchstaben, gleich an vierter Stelle, unter allgemeiner Schmerzlinderung, Rauchentwöhnung, Gewichtsverlust und vor Prüfungsangst, posttraumatischer Belastungsstörung, Anorexie und Beziehungsproblemen.

Wow, da hätte ich mich ja noch für etwas anderes entscheiden können, denkt sie, als schon die Tür zum Behandlungsraum aufgeht. Sie blickt hoch, vor ihr steht ein kräftig gebauter Mann, etwa Mitte 50, in einem hellblauen Drillichpullover und gebleichter Jeans. Er trägt eine Brille, einen grau melierten Vollbart und hat für sein Alter recht volle, aber graue Haare. Er schaut sie von oben an. »So, Frau Ties, herzlich willkommen bei uns. Kommen Sie doch bitte herein!«

Nina steht von ihrem Stuhl auf, gibt dem Psychologen ihre Hand und folgt ihm in das Zimmer. Sie blickt auf ein hohes Fenster, durch das die Sonne auf den Parkettboden und den runden azurblauen Teppich strahlt. Rechts und links von ihr im Schatten stehen zwei schwarze Ledersessel mit Kissen in verschiedenen Blautönen. »Wow, ganz schön blau hier überall«, sagt Nina.

»Ja, das stimmt, ein kleiner Spleen von mir.« Jürgen Ehrlichmann lacht und mustert seine Klientin, die in braunen halbhohen Stiefeln steckt, eine pechschwarze Leggins und darüber einen etwas zu knapp geratenen, quietschgelben Rock mit Rüschen und Tunnelzug angezogen hat. Oben herum eine weiße Bluse, über der rechten Schulter die gelbe Handtasche.

»Sie scheinen gelb zu mögen. In der Modeszene würde man wohl sagen, Sie lieben warme Farben und ich kalte. Aber ich mache mir nichts aus Mode. Blau ist für mich auch nicht kalt, sondern steht für Sehnsucht,

103

Klarheit und Unendlichkeit. Aber jetzt setzen Sie sich doch erst mal«, Jürgen Ehrlichmann zeigt auf die Sitzgelegenheit in der rechten Zimmerecke. »Möchten Sie etwas trinken?«

Nina geht zum Sessel, legt ein paar Kissen zur Seite und setzt sich. Die Handtasche behält sie auf dem Schoß. Ihr Blick fällt auf ein gut gefülltes Bücherregal neben der Tür: *Klinische Psychologie, Handbuch der Hypnosetechniken, Schlaftherapie mit Erfolg.* Daneben ein aufgestelltes, eingerahmtes Bild, das den Psychologen mit einer etwa gleichaltrigen Frau und zwei dicken, dunkelhaarigen Jungen auf einer Plattform vor einer rötlichen und weiten Schlucht zeigt. Sie denkt an den Grand Canyon.

»Wasser, Kaffee?«

»Wie bitte?«

»Ob Sie was trinken möchten«, wiederholt sich Ehrlichmann und lächelt dabei.

»Oh, nein danke. Erst mal nicht.«

Der Psychologe setzt sich auf den Sessel ihr gegenüber und nimmt sich von einem marineblauen Beistelltisch eine Mappe, aus der er einen Bleistift zieht und etwas auf einem Block notiert. Er blickt zu Nina herüber: »Schön, dass Sie hergefunden haben. Wir hatten ja letzten Dienstag kurz telefoniert und machen heute ein Erstgespräch. Anschließend überlegen Sie sich ganz in Ruhe, ob eine Therapie für Sie infrage kommt. Einverstanden?«

»Okay.«

»Erzählen Sie mal, was führt Sie zu mir? Sie erwähnten etwas von Zahnschmerzen und panischer Angst vor dem Zahnarzt. Wir nennen das Dentalphobie.«

»Ja, genau. Am Telefon habe ich aber auch schon gesagt, dass ich an *Dentalphobie* leide. Ich kenne den Begriff, weiß über meine Probleme selbst ganz gut Bescheid, checke bloß nicht, was ich dagegen machen kann. Meine Zahnschmerzen sind in den letzten Wochen total schlimm geworden und ich müsste dringend hin, geht aber nicht.«

Etwas frech, die Frau Ties, denkt Ehrlichmann, der sich gleichzeitig auf eine fast wundersame Weise von eben dieser angezogen fühlt. Er kann nicht mit Bestimmtheit sagen, ob es an ihrem aufreizenden Äußeren liegt, an ihrer forschen Art, oder, ob es einfach ihr durchdringender Blick ist, mit dem sie ihn anschaut. »Das machen Sie gut«, sagt er.

»Was mache ich gut?«

»Haben Sie es nicht gemerkt?«

»Nein, was?«

»Sie haben gerade, als Sie mir von Ihren Zahnschmerzen erzählten, mit der Hand an Ihrem Unterkiefer gerieben. Das war Ihr Unterbewusstsein. Dass Sie es nicht bemerkt haben, ist völlig normal. Möglicherweise ist das schon ein Hinweis darauf, dass Sie gute Voraussetzungen mitbringen.«

»Wofür jetzt genau?«

»Ich arbeite mit der klassischen Hypnotherapie nach Erickson. Haben Sie davon gehört?«

Nina sieht dem Psychologen direkt in die Augen: »Ja, das ist klar, dass Sie nicht mehr mit Magneten hantieren wie vor 250 Jahren Franz Adolf Mesmer mit seinem animalischen Magnetismus. Sie setzen wahrscheinlich auf verschiedene verbale oder nonverbale Suggestionstechniken.«

Ehrlichmann lacht lautstark während er sich mit der Hand auf das rechte Knie klopft: »Sie erstaunen mich in der Tat, Fräulein Ties. Nicht jeder ist so gut vorbereitet auf seine erste Sitzung.«

»Ich würde gar nicht sagen, dass ich gut vorbereitet bin. Ich weiß überhaupt nicht, wie sich Hypnose anfühlt, aber ich bin viel im Internet unterwegs und, bevor ich mich auf irgendetwas einlasse, informiere ich mich.«

Der Psychologe kritzelt immer noch schmunzelnd etwas auf seinen Block: »Na gut, dann muss ich Ihnen theoretisch ja nicht mehr viel erklären. Erlauben Sie mir noch einen Satz: Wir gehen davon aus, dass jeder Mensch im Unterbewusstsein über Ressourcen verfügt, mit denen Selbstheilungskräfte aktiviert werden können. Durch Suggestionstechniken, wie Sie richtig erkannt haben, sollen unsere Patienten in eine hypnotische Trance versetzt werden.« Ehrlichmann rückt seine Brille über der Nase zurecht. »Grundsätzlich ist jeder Mensch hypnotisierbar. Aber nicht jeder gleich stark. Wichtig ist, dass Sie sich auf die Hypnose einlassen können und lernen, mir zu vertrauen.«

»Ja, das will ich wohl. Ich denke auch nicht, dass das, was Sie machen, etwas mit dem zu tun hat, was diese Showhypnotiseure tun.«

»Nein, keine Angst. Sie beißen hier nicht in saure Zitronen und stellen sich dabei süße Melonen vor. Ich meine, das könnten wir tun, aber damit wäre Ihnen nicht geholfen. Showhypnose hat mitnichten etwas mit der humanistischen Methode zu tun und ist im Gegensatz dazu auch gefährlich. Ich werde Sie nicht manipulieren,

107

sondern Ihr Unterbewusstsein darin unterstützen, das zu tun, was es sowieso schon kann.«

»Habe ich verstanden.«

Ehrlichmann kann dem direkten Blickkontakt zu Ninas Augen kaum standhalten. Er muss ständig auf ihren Mund schauen. War es wegen des Zahnthemas? Nein, vielmehr waren es ihre vollen, rosa Lippen, die ihn magnetisieren: »Okay, dann sagen Sie mir doch genau, was Sie erreichen wollen. Was ist Ihr Ziel?«

»Wenn Sie mich so fragen, ich möchte keine Zahnschmerzen mehr haben«, sagt Nina.

»Das ist verständlich. Niemand will das. Und Sie werden sehen, Sie können durch Hypnose den Schmerz ganz abstellen, wenn Sie darin geübt sind. Schmerz kann aber auch ein Zeichen dafür sein, dass etwas mit unserem Körper nicht in Ordnung ist. Hypnose kann Ihnen die Beschwerden nehmen, die Ursache aber nicht bekämpfen. Ich bin kein Zahnarzt und nicht in der Lage festzustellen, was der Grund für Ihre Zahnschmerzen ist. Dazu müssen Sie schon zu einem gehen.«

»Ja, ich meine, nein. Ich will nicht zum Zahnarzt. Ich habe ja gesagt, ich habe eine Phobie.«

»Darüber werden wir auch reden. Können Sie sich selbst erklären, was genau Sie so in Angst versetzt?«

Nina schaut aus dem Fenster und überlegt einen

Moment. »Das ist schwer zu beantworten. Irgendwie alles. Ich bekomme eine Gänsehaut, wenn ich an das Geräusch des Bohrers denke. Ich ekele mich vor den Gummihandschuhen des Arztes. Allein von diesem Menthol-Kampfer-Geruch, den man schon am Empfang riecht, wird mir schlecht.«

»Vielleicht halten Sie es nicht für möglich, aber, wenn die Therapie optimal verläuft, kann ich mir vorstellen, dass Sie Kampfer und Menthol lieben werden. Dass Sie etwas ganz Positives damit verbinden.«

Nina denkt an saure Zitronen, süße Melonen, an Hypnotiseure auf Weihnachtsfeiern von Männern in Anzügen und Krawatte, die ihren eigenen Namen vergessen oder denken, sie seien Napoleon oder Mozart. Ehrlichmann bemerkt ihre leichte Verunsicherung: »Sie wissen, dass es Zahnärzte gibt, die eine Behandlung unter Vollnarkose anbieten?«

»Das habe ich schon mal gelesen, aber da müsste ich ja trotzdem vorher die Praxis betreten«, sagt Nina, die ihn erneut stark mit ihren Augen fixiert.

»Das ist ganz genau richtig. Nichtsdestotrotz sehe

ich *das* auch nicht als Problem an. Ein Problem aber ist eine Vollnarkose, denn die birgt immer ein gesundheitliches Risiko. Ich würde mich wahrscheinlich überhaupt nicht narkotisieren lassen. Was Sie wissen sollten: Egal, welche zahnärztliche Behandlung Sie bekommen, sie wird nicht wehtun, wenn Sie sich selbst vorher in Trance versetzt haben. Und diese Techniken kann ich Ihnen beibringen. Was wir auch noch versuchen können, ist, zu analysieren, wo Ihre Ängste begründet liegen.«

»Klar, das wäre sicher interessant.«

»Haben Sie es gemerkt?«

»Was?«

»Ihr Mund stand offen, während ich Ihnen das eben erklärt habe. Sie beginnen bereits, die Angst zu lokalisieren und anzugehen. Wollen Sie mal eine kleine Suggestion ausprobieren?«

»Ja, gerne. Was muss ich tun?«

»Lehnen Sie sich entspannt zurück.« In Ninas Handtasche klickte es. »Oh Entschuldigung, mein Handy.« Sie greift in ihre Tasche. »So, ist aus, wir können uns jetzt entspannen.«

»*Wir*? Sie sind ja lustig, erst mal soll es um *Sie* gehen. Gut, das Handy sollte bei unseren Sitzungen aber natürlich aus sein.« Ehrlichmann fühlt sich zu seinem eigenen Erstaunen tatsächlich selbst merkwürdig relaxed. Er beginnt mit der Trance-Induktion: »Atmen Sie ganz tief ein und aus und schließen Sie jetzt die Augen.«

Nina schließt ihre Augen.

»Nun strecken Sie bitte Ihre Arme nach vorne, auf die gleiche Höhe und drehen die Handfläche der rechten Hand nach oben, die andere lassen Sie nach unten gerichtet. Sie stellen sich vor, dass ich Ihnen eine Eisenkugel in die rechte Hand gebe, an die linke binde ich einen riesigen Heliumballon.«

Ehrlichmann und Nina sitzen genau eine Woche später erneut auf den Sesseln in der Praxis. Nina trägt dasselbe Outfit wie beim ersten Treffen, die gelbe Handtasche ist wieder auf Ihrem Schoß. »Also, ich bin hoch erfreut darüber, wie Sie letzte Woche auf die Suggestion angesprochen haben«, sagt der Psychologe, der sich seinerseits optisch gewandelt hat. Die gebleichte Jeans hat er gegen eine elegante schwarze getauscht. Er hat ein gelbes Sakko angezogen und seine Haare ordentlich nach hinten gekämmt.

111

»Ich bin auch immer noch total erstaunt. Meine Hände waren ja ein Meter voneinander entfernt, als ich wieder da war«, sagt Nina.

»Sie haben es ja nicht bewusst mitbekommen, aber ich habe es fasziniert beobachtet. Die Hand, an die der imaginäre Heliumballon suggeriert war, ist sofort hochgegangen. Die andere mit der Eisenkugel kontinuierlich nach unten. Sie sind absolut empfänglich für Hypnose.«

»Das glaube ich jetzt auch. Ich habe Ihre Übungen zu Hause auch gemacht und meine Zahnschmerzen waren jedes Mal fast weg.«

»Erstaunlich, wirklich toll. Dann können wir ja in die nächste Runde gehen und noch etwas tiefer in die Trance. Ist das okay für Sie?«

»Ja, unbedingt, fangen Sie an.« Nina lehnt sich in ihrem Sessel zurück.

Nach einem kurzen Schweigen beginnt Ehrlichmann: »Stellen Sie sich jetzt vor, Sie steigen in einen Fahrstuhl. Sie sind oben im 40. Stockwerk und wollen ganz nach unten. Sie drücken auf die Taste Erdgeschoss und der Aufzug setzt sich langsam in Bewegung. Sie spüren die Schwerkraft, Ihr Körper wird ganz schwer, immer schwerer und schwerer. Sie kommen am 39. Stock vorbei. Spüren Sie, wie schwer Sie werden? Der

Fahrstuhl zieht Sie immer tiefer und immer tiefer abwärts. Eine wohlige Wärme macht sich in Ihrem Körper breit, bis in die Finger- und Zehenspitzen. Sie sind entspannt und gespannt darauf, was Sie unten erwartet.«

Nach fünf Minuten andauernder Fahrt erreicht Nina, völlig tiefenentspannt, den 20. Stock. Sie atmet ruhig und gleichmäßig.

»Frau Ties, hören Sie mich? Sagen Sie einfach ja, wenn Sie mich hören«, spricht der Psychologe.

»Ja«, sagt Nina mit leiser Stimme.

»Haben Sie Schmerzen?«

»Nein, keine. Alles ist so leicht. Ich höre ein Klicken. Hören Sie das auch?«

»Natürlich, das ist die Fahrstuhltür. Der Aufzug hat im 19. Stock gehalten und die Tür geht jetzt langsam auf. Ihr Herz beginnt zu klopfen, als Sie mich sehen. Ich steige zu Ihnen in die Kabine und stelle mich ganz dicht neben sie. Sie können meine Körperwärme spüren und mein Atmen hören.«

»Berühren Sie mich gerade etwa?«

»Du hast einen wunderschönen Körper, Nina. Dein

gelber Minirock und dein rosa Mund haben mich richtig scharf gemacht. Ich werde jetzt den Reißverschluss meiner Hose öffnen und zu dir rüberkommen. Behalte die Augen geschlossen, atme ganz tief weiter ein und aus, du bist total entspannt. Berühre mich nun mit der linken Hand. Ich stehe genau vor dir. Nina spürst du mich?«

»Ich fühle Ihren erigierten Penis«, sagt Nina.

»Lass die Augen zu. Es ist gut und richtig. Umfasse ihn fest und bewege dann deine Hand langsam nach vorne und zurück. Ich werde dir jetzt den Pullover ausziehen.«

»Aber.«

»Ganz ruhig. Du wirst sehen, das gehört alles zur Behandlung. Ich stecke dir gleich etwas Langes in den Mund, du lutschst daran und wirst nie mehr Zahnscherzen haben.« Ehrlichmann stöhnt laut auf.

Nina schreit: »Was tun Sie da? Lassen Sie mich in Ruhe, nehmen Sie die Finger von mir.«

Ehrlichmann vernimmt ein Klicken.

»So, mach die Augen auf, ich habe alles«, sagt Nina. »Du hast mich ja jetzt geduzt. Ich hoffe, du hast nichts dagegen, wenn ich das mit dir jetzt auch mache, Jürgen.«

Der Psychologe sitzt entspannt auf seinem Sessel, der Reißverschluss seiner Jeans ist geöffnet, in der Hand hält er sein steifes Glied.

»Siehst ganz schön bescheuert aus«, sagt Nina, lacht und klopft sich dabei mit der linken Hand aufs Knie. In der Rechten hält sie ihr Handy, auf dem Sie etwas eingibt. Ehrlichmann hat seine grünen Augen weit aufgerissen und schaut seine Klientin an, er kommt langsam zu sich. Die Adern an seinen Schläfen schwellen an und treten blau hervor, sein Gesicht ist rot wie ein Granatapfel. Zwischen seinen zusammengepressten Lippen spritzt Spucke auf den Glastisch. »Was ist los?« Er stammelt.

»Falls du gerade versuchst, dich zu bewegen Jürgen, das wird nicht gehen. Zumindest nicht so lange ich es nicht will. Aber du kannst mit mir sprechen. Auf Zimmerlautstärke, probiere es gar nicht lauter, kostet nur Kraft und geht nicht.« Ohne ihn anzuschauen, tippt Nina weiter auf ihrem Handy herum.

»Was ist passiert? Was haben Sie gemacht?«

»Ich dachte, *du* bist der Fachmann? *Du* hast mir doch so schön erklärt, dass jeder im Grunde hypnotisierbar ist. *Du* natürlich auch, oder nicht? Sah jedenfalls ganz so aus. Ich muss schon sagen, es war erstaunlich, wie schnell du auf Hypnose angesprochen hast. Aber tu mir einen Gefallen, auch wenn es jetzt alles auf den Kopf stellt, woran du glaubst. Vergiss Erickson und den Scheiß mit den Heliumballons und Eisenkugeln. Ich verspreche dir, die von dir so verteufelte Showhypnose ist viel intensiver und effektiver. Auch, wenn Sie manchmal wehtut, so wie dir gerade.«

»Wann? Wie? Wer sind Sie? Was haben Sie gemacht?« Ehrlichmanns Herz rast, er spürt einen Kloß im Hals, sein ganzer Körper wirkt wie elektrisiert.

»Das sind ja nicht wenige Fragen. Du würdest selbst drauf kommen, mit deinen Fähigkeiten, aber so viel Zeit haben wir nicht. Du erinnerst dich doch an mich?«

»Nina Ties, Dentalphobie, Ihre zweite Sitzung.«

»Tja, da siehst du selbst, wie gut dein Bewusstsein funktioniert.« Nina steht auf, setzt sich direkt auf den Glastisch vor dem Psychologen und schaut ihm aus etwa 30 Zentimeter Entfernung scharf in seine noch immer weit aufgerissenen Augen: »Das ist mein Name, ja. Dentalphobie stimmt auch. Allerdings nicht so, wie du denkst. Sagen wir, es ist eine spezifische Phobie gegenüber einem Zahnarzt, aber das hat weniger mit seinen handwerklichen Fähigkeiten zu tun. Und, was die Sitzung betrifft, eigentlich war es *deine* zweite Sitzung und nicht *meine*.«

»Sie haben mich hypnotisiert. Wie können Sie das? *Woher* können Sie das?«

»Du hast doch gut mitgemacht, immer auf meinen Mund geschaut, schön abgelesen, was ich geflüstert habe. Du hast so toll mit deinen Augen meine Hände fixiert, als ich meine Arme mit deinem albernen Ballon und deiner Kugel auseinander bewegt habe. Naja, in der ersten Sitzung hat mein Handy auch schon Klick gemacht und bei dir hat es dann wohl auch Klick gemacht. Du weißt, wovon ich rede?

»Ein Trigger!«

»Richtig, ein Trigger. Hast du das aus dem Handbuch der klinischen Psychologie oder hat dir das dein Erickson gezwitschert?« Nina streichelt sanft über den Bart des Psychologen, dem Tränen aus den Augen laufen. »Was ist denn, bist du wütend? Würdest mir gerne eine reinhauen, was? Turnt dich das an? Machst du das öfters mit Frauen? Auf die Farbe gelb springst du übrigens besonders an. Wo hast du nur so schnell so ein hässliches gelbes Sakko herbekommen? Entschuldige die Farbe, sie steht dir nicht, ein kleiner Spleen von mir. Wollte mal was probieren.«

117

Ehrlichmann schaut entsetzt an sich runter. Sein Glied ist erschlafft, doch die Hand umklammert es weiter fest.

»Wieso ist mein Reißverschluss auf? Was haben Sie mit mir gemacht?«

»Keine Sorge, ich habe nichts angefasst. Du im Übrigen auch nicht. *Das* wirst du aber der Polizei erzählen.«

»Polizei, wieso?«, Ehrlichmann beginnt wieder zu pressen und zu prusten. Sein Geist ist auf Flucht programmiert, aber der Körper bewegt sich nicht.

»Du darfst jetzt mal hören, was morgen in den Zeitungen stehen wird. Du hast auf das Klicken meines Handys vorhin perfekt reagiert. Eins zu eins das gelabert, was ich dir letzte Woche eingetrichtert habe. Dass mir das auch so gut bei einem Fachmann gelingt, erstaunlich.« Nina lacht erneut, stellt dann den Lautsprecher auf ihrem Handy an und spielt das ab, was Ehrlichmann vor ein paar Minuten von sich gegeben hat.

»Das habe ich nicht gesagt, nicht gemeint, nicht gesagt.« Ehrlichmann hat sich seine Worte fassungslos angehört.

»Die Sachverständigen werden das natürlich anders sehen, Jürgen. Du erkennst doch deine Stimme?«

»Das war Suggestion.«

»Nein, *Manipulation*.«

»Warum? Was habe ich Ihnen getan?«

»Ach Mensch, problematisiere das nicht alles so. Sieh mal, du hast mir nichts getan, weder körperlich noch sonst irgendwie. Ich habe auch persönlich kein Stück was gegen dich, ehrlich nicht, Ehrlichmann. Aber ich musste das hier tun. Ich hatte einen klaren Auftrag.«

»Von *wem*? Ich verstehe das alles nicht.« Der Psychologe presst jetzt die Augen zusammen wie ein Kind, das meint, auf diese Weise verschwinden zu können.

»Ich gebe dir jetzt einen Tipp und einen wirklich ernst gemeinten Ratschlag. Irgendwann wirst du mal wieder einen Job ausüben, wenn auch sicher nicht als Psychotherapeut, nach all dem hier. Fang einfach bei deinem nächsten Job nichts mit einer Schutzbefohlenen an oder am besten mit niemandem, mit dem du zusammenarbeitest.«

»Aber das habe ich doch auch nie!«

»Sicher?«

»Ja, verdammt.«

»Dann müssen meine Informationen wohl falsch

sein. Sollte ich mich etwa in der Praxis geirrt haben? Das kann ich kaum glauben. Du bist doch Jürgen Ehrlichmann? Hast du deine Frau etwa *nicht* betrogen?« Nina schaut zu dem Familienbild im Regal des Psychologen. »Hat mich gewundert, dass du Beate hier noch ausstellst. Was sagt denn deine neue Freundin dazu?«

»Woher wissen Sie von meiner Frau und meiner Freundin?«

»Ach! Kriecht das schlechte Gewissen jetzt aus dem Unterbewussten?«, fragt Nina und hebt den Zeigefinger gerade nach oben.

»Hat Beate, also meine Ex-Frau, Sie beauftragt?«

»Ich müsste dir das alles nicht erzählen. Aber, da du ja nun selbst drauf gekommen bist: Ja, hat sie. Obwohl, beauftragen ist das falsche Wort. Man könnte sagen, ich hatte eine Abmachung mit Beate.«

»Das Miststück, diese verdammte undankbare Bratze.« Ehrlichmann spürt den Pulsschlag in seinem Kopf hämmern, als würde ihm jemand die Schädeldecke von innen einschlagen. Die Schweißtropfen, die seine Stirn herunter gelaufen sind, vermischen sich mit seinen Tränen und sammeln sich in Mundwinkel und auf dem Kinn.

»Na, nun verlier mal nicht die Fassung. Schließlich

hast *du* sie ja betrogen, und dann noch mit einer Patientin. Ganz schön erbärmlich.«

»Sie war keine Patientin. Also, ja, sie war mal eine, aber wir haben uns erst viel später geliebt, nur hier kennengelernt.« Nina steht jetzt vom Glastisch auf und beginnt, mit dem Rücken zum Psychologen ihre Bluse aufzuknöpfen. »Und wenn schon, das spielt keine Rolle. Betrogen hast du sie jedenfalls, oder nicht?«

»Ja, es tut mir leid und ich habe es meiner Frau sofort gesagt und alles beendet. Es lief seit Langem nicht mehr gut zwischen uns. Aber das hat nichts hiermit zu tun, was will Beate denn noch?«

»Rache!«

»Indem sie mir einen sexuellen Missbrauch anhängt, durch den ich meinen Job verliere?«

»Fast. Nicht wegen eines sexuellen Missbrauchs, sondern wegen dreien.«

»Wie bitte? Ich habe überhaupt niemanden missbraucht.«

»Ich weiß, aber *das* ist es eben, was du der Polizei in etwa einer halben Stunde beichten wirst.

»Was, wieso sollte ich? Das ist doch bescheuert.«

Nina dreht sich um und steht nun mit entblößten Brüsten vor dem Psychologen. »Nein, das ist gerecht. Ich sage dir, was gleich passiert. Du darfst jetzt einen Blick auf meine schönen Titten werfen. Das hast du dir verdient. Ich werde anschließend schreiend aus deiner Praxis rennen. Das wird mir einiges an Theatralik abverlangen. Ich werde gegenüber in das Reisebüro stürmen und denen erzählen, was du Scheusal mit mir gemacht hast. Dort wird man die Polizei anrufen. Die Praxistür bleibt offen. Wenn dich der Beamte anspricht, ist das dein nächster Trigger. Du wirst dich wieder bewegen können und den Polizisten wird es sicher freuen, dass du immer noch so schamlos im Sessel sitzt. Meine Handyaufnahme hat er dann schon gehört.«

»Ich werde denen alles erzählen. Die Wahrheit.«

»Bist du so blöd? Jetzt machst du mich richtig wütend. Du hast doch studiert? Pawlows Hunde wollten auch nicht sabbern, *haben* sie aber. Also, sobald du dich wieder bewegen kannst, ist alles, was wir hier nach der Vergewaltigung besprochen haben, gelöscht. An den sexuellen Übergriff an mir und an den anderen beiden Patientinnen wirst du dich aber erinnern. Wohl dein ganzes Leben, du armer, falscher Perversling. Du wirst weinen und du wirst gestehen und vielleicht bittest du mich sogar mal um Verzeihung.«

»Scheiße. Welche anderen Patientinnen?«

»Du wirst der Polizei von zwei weiteren Vergewaltigungen berichten. Du hast dir die Damen letzte Woche bei unserer ersten Sitzung schon ausgesucht. Die Namen fallen dir gleich ein. Ich habe keine Ahnung, ob sie dich nur wegen dem Missbrauch an mir dran kriegen oder auch wegen den beiden anderen. Schließlich dürften sich die Frauen nicht daran erinnern. Sie tun mir ein bisschen leid, dass sie dann in der Annahme weiterleben müssen, vergewaltigt worden zu sein, obwohl sie es nie wurden. Hypnotischer Kollateralschaden kann man vielleicht sagen.«

»Ich werde dich finden, du Biest, du kriminelle Betrügerin und Beate wird auch dran glauben.« Ehrlichmann fühlt sich der Ohnmacht nahe.

»Immer noch nicht verstanden? Du kannst dir doch nicht wirklich vorstellen, dass deine Ex dir so etwas anhängen würde und dafür sogar eine Hypnotiseurin engagiert. Nein, darauf wirst du im Leben nicht kommen. Im Übrigen ist das mein privates Ding. Ich bin auf keinen Bühnen zu finden. Im wahren Alltag arbeite ich als zahnarzttechnische Assistentin. Vielen Dank für

123

die netten Gespräche, Jürgen. Und sorry wegen des gelben Sakkos.«

Nina sieht ihn ein letztes Mal an, danach beginnt sie wie auf Knopfdruck zu schreien, so laut und durchdringend, als würde man sie bei lebendigem Leibe kochen. Sie stößt ihren Sessel um und rennt aus der Praxis.

Liebe Beate,

danke für Deine Mail heute Morgen und das Zitat von Erickson. Halte aber nicht viel von ihm. Hier ist eins von Tolstoi, das mir besser gefällt: „Eines der wirksamsten Mittel bei der Hypnose – der äußeren Einwirkung auf den seelischen Zustand des Menschen – ist die Kostümierung." Ich wollte Dich nur kurz wissen lassen, dass alles wunderbar gelaufen ist. War ein bisschen unangenehm oben ohne in dieses Reisebüro zu rennen. Aber ich weiß, wofür ich es getan habe. Das Ziel ist jetzt erreicht. Deinen Ex haben sie mit auf die Wache genommen, man wird Dich bestimmt informieren. Sei Dir sicher: Er ist seinen Job los und ich kann mir vorstellen, seine Freundin auch. Er wird garantiert für immer an das glauben, was ich ihm suggeriert habe. Das sollte Dir Genugtuung verschaffen. Ich rechne fest damit, dass Du Dich nun an Deinen Teil unserer Abmachung hältst und den Zahnarzttermin wahrnimmst.

Ich hoffe, dass es Dir nicht allzu doll wehtun wird, aber das Schwein wird sich lange quälen. Ich halte es nach wie vor für besser, wenn wir nur über private Mails kommunizieren und uns nicht mehr im Forum unterhalten. Ich meine, RacheAmEx.de ist zwar anonym, aber ich traue grundsätzlich erst mal niemandem mehr, den ich nicht selbst hypnotisiert habe. Melde Dich, wenn es vorbei ist. Schade, dass wir uns wohl nie live begegnen werden, Du bist eine tapfere Frau. Ach und ein Zitat, speziell für Dich vor Deinem Termin habe ich natürlich auch noch, kommt von Wilhelm Busch und passt zu dem Scheißkerl: „Ein hohler Zahn ist ein Asket, der allen Lüsten widersteht."

Bleib gesund und resolut! Deine Nina.

Die Tantenüberfahrt

»Shit. Mein Kopf platzt!« Patrick Cooper schrie auf, sein Mund schäumte. Er spürte einen stechenden Schmerz direkt über dem linken Auge, den Druck unter seinem Schädel, als würde er gleich in tausend Splitter zerbersten. Sein Kopf wurde von der schwarzen Tischplatte, auf die er unmittelbar vorher geknallt war, zurückgeschleudert. Dann kam die Ohnmacht!

Wie lange er ohne Bewusstsein an der Hinterseite der knallorangefarbenen Sitzbank kleben geblieben war, konnte er später nicht abschätzen. Als er die Augen öffnete, war es dunkel. Das Schiff schaukelte nicht mehr, es bewegte sich auf ruhiger See. Sämtliche Passagiere hatten das Bordrestaurant der *Ostia IV*, die auf ihrem Weg von Norddeich Mole nach Norderney war, verlassen.

Das kann doch nicht, schoss es Cooper durch den Kopf. Die Lichter der runden Deckenleuchten auf der linken Schiffsseite waren erloschen. Auf der rechten Seite flackerten sie wie anspringende Neonröhren. Wie lange war er denn jetzt? Warum hatte keiner seinen Anfall bemerkt und wieso fuhr das Schiff noch, wenn niemand mehr an Bord war? Tatsächlich niemand? Nein, etwa zwanzig Meter weiter, am anderen Ende des Saales, erkannte Cooper den kleinen Jungen mit dem lila Kapuzenpullover, der ihm bereits bei Reisebeginn aufgefallen war. Er mochte zwischen zehn und zwölf Jahre alt sein. Das Kind blickte ihn mit den regungslosen Augen einer Schnee-Eule an, es bewegte sich überhaupt nicht, auch auf Coopers Rufe reagierte es nicht. Der Bestatter spürte den Schweiß von seiner Stirn strömen, so als hätte ihm jemand ein Glas warmes Wasser über den Kopf geschüttet. Er blinzelte, das Rinnsal floss in seine weit aufgerissenen Augen. Er erwartete einen zweiten Panikanfall, als er merkte, dass er zwar Kopf und Arme bewegen konnte, seinen Oberkörper aber nicht. Aufstehen konnte er auch nicht. Hatte er jetzt etwa den Schlaganfall erlitten, den er fürchtete, seit er fünfzehn war? Er konnte kaum atmen, rang nach Luft. Es war, als schnürte ihm etwas den Hals zu. Cooper versuchte, ruhig zu werden, um zu überlegen, was vor seinem Anfall geschehen sein mochte.

Er hatte den Auftrag bekommen, einen Toten von der Insel Norderney zu holen. Mit seinem Leichenwagen war er um kurz nach acht auf das Autodeck gefahren, hatte am Schalter die Karte gelöst und war an der Schiffstür vorbeigegangen, von wo aus die mit der Bahn angereisten Gäste in das Bordrestaurant geströmt waren. Da war ihm der Junge mit dem lila Kapuzenpullover in die Kniekehlen gesprungen und dabei gestolpert. Cooper hatte sich einen Sitzplatz direkt am Eingang des Restaurants ausgesucht und die Speisekarte aufgeschlagen. Gegessen hatte er reichlich, bevor er von seinem Auricher Bestattungsunternehmen, bei dem er seit drei Monaten als Bestattungsfachkraft arbeitete, am frühen Abend aufgebrochen war. Folglich hatte er nur nach den Heißgetränken geschaut und schmunzeln müssen, als er dort *Tote Tante* entdeckte. Da er in seinem bisherigen beruflichen Leben sicher 500 tote Tanten kennengelernt hatte und ihm die Kombination aus Schokolade, Wodka, Schlagsahne und Erdbeersirup recht schmackhaft erschienen war, hatte er diese offensichtlich friesische Spezialität probieren wollen. Es war das erste Mal, dass Cooper einen Verstorbenen von einer Insel abholen und nach Aurich überführen sollte. Kein tragischer Fall. Ein alter Mann war friedlich in seinem Haus eingeschlafen.

Etwa fünf Minuten nachdem Cooper bestellt hatte, hatte ihm der Ober den cremefarbenen Becher mit der braunen Flüssigkeit, Sahnehaube und roten Sirupspritzern serviert. Das Getränk hatte süßlich-scharf gerochen. Er erinnerte sich, dass der Kellner mit der auffallend großen Nase ihn mit weit geöffnetem Mund angeschaut und laut gefragt hatte: »Hallo? Können Sie mich hören?«

Kurz zuvor musste er demnach seinen Anfall erlitten haben. Cooper hätte es ahnen müssen. Er allein, unter so vielen Menschen auf einem schaukelnden Schiff. Dabei hatte er in den letzten Jahren immer weniger Panikattacken durchgemacht. Einmal im Monat höchstens passierte ihm das noch, wahlweise bekam er dann Angst vor einem Herzinfarkt oder einem Schlaganfall. Er wusste, er hatte leicht hypochondrische Züge. Wo es ging, versuchte Patrick Cooper, öffentliche Plätze oder große Supermärkte zu meiden. Bei seiner Arbeit in den Hygiene- und Aufbahrungsräumen der Bestattungsinstitute, hatte es nie Probleme gegeben. Außer vielleicht damit, dass er manchmal zu viel über die Krankheiten nachdachte, an denen die Menschen, die er wusch und ankleidete, verstorben waren. Tote Menschen jagten ihm aber keinen Schrecken ein. Der

Tod übte sogar etwas Beruhigendes auf ihn aus. So ambivalent er das selbst auch alles fand.

Der Junge mit dem lila Kapuzenpullover rührte sich immer noch nicht. Cooper schaute aus dem viereckigen Bullauge auf die schwarze See. Der von Nebel umhüllte Mond spiegelte sich auf den gleichmäßig und ruhig wankenden Wellen. Dann entdeckte er im zuckenden Licht die *Tote Tante* auf dem Boden. Die braune Flüssigkeit und der Erdbeersirup waren aus dem cremefarbenen Pappbecher gelaufen und bildeten auf dem Gang eine matschige Pfütze. Ein Scharnier an der rechten Wand in der Mitte des Saales quietschte, die Tür zum WC öffnete sich langsam seitwärts in seine Richtung. Das Licht aus dem Waschraum warf einen Kegel in das Bordrestaurant. Coopers Körperhaare stellten sich auf, er fröstelte. Sein Herzschlag setzte einige Sekunden aus, als sich im Türrahmen die Umrisse eines Skelettes manifestierten. Es schritt, eingehüllt in einen mattschwarzen Umhang, auf die vorderen Sitzbänke zu. Die Augenhöhlen einer knöchernen Fratze unter einer schwarzen Kapuze schauten zu Cooper rüber. Er erstarrte zu einem Eisklotz, *hätte* er sich bewegen können, er hätte es nie und nimmer getan. Auch so hätte er gewusst, wer da vor ihm stand, und die mannshohe Sense mit etwa einem Meter langer Klinge aus blitzendem Stahl, auf die sich der Knochenmann lehnte, bestätigte es: vor ihm stand der Tod. Hatte er nicht gerade noch stolz daran gedacht, dass der Tod etwas Beruhigendes auf ihn ausübte? Wenn *das* der Tod war, so hatte er sich in diesem Punkt aber heftig getäuscht.

Der cremefarbene Pappbecher auf dem Schiffsboden wackelte und rollte über den Gang zur Mitte der Fähre, machte hinter einem Tisch einen Bogen und kullerte vor Gevatter Tods dürre, weiße Zehen. Cooper schlotterte wie eine Zitterpappel. »Bitte lass das nicht wahr sein! Bitte lass mich aufwachen! Bitte mach, dass der Tod nicht zu mir kommt! Ich *bestatte* Tote, ich bin doch selber keiner!«, stotterte er. Des Todes rechte Knochenhand hob den Pappbecher auf und stopfte ihn unter den Umhang, dann deutete sie mit ihrem Zeigefingerknochen in Coopers Richtung. Galt das also ihm? Wollte ihn der Tod jetzt holen? Aber er war doch gar nicht gestorben? Oder doch?

Obwohl er bereits wusste, dass es zwecklos war, versuchte Cooper, mit geballter Kraft aufzustehen. Er wendete alle übrig gebliebenen Lebensgeister auf, kämpfte um sein Dasein. Sein Oberkörper bewegte sich ein paar Zentimeter nach vorne und, als er dachte, er könne sich losreißen, wurde er abermals nach hinten an die Banklehne geschleudert, so als zöge ein Bungee-Seil an ihm. Er wollte dem Tod nicht mehr länger in die Augen schauen. Doch etwas zwang ihn, die Lider aufzulassen und ein weiteres Mal in des Skelettes Richtung zu blicken. Er sah gerade noch, wie der Junge mit dem lila Kapuzenpullover unter dem Umhang des Sensenmannes verschwand. Die Tür schnappte zu wie das Maul eines gefräßigen Krokodils und die Kreatur war samt Jungen verschwunden. Cooper wurde schwarz vor Augen. Stille, Kälte, das Flackern der Deckenleuchten wie Blitze in seinem Kopf, helle weiße und blaue Blitze.

»Hallo? Können Sie mich hören?«, fragte der Kellner mit der auffallend großen Nase. Er hielt seinen dürren, weißen Zeigefinger direkt vor Coopers Nase. Nein, das war kein Finger, das war eine Stifttaschenlampe! Das Licht blitzte in die Augen des Bestatters.

»Ja, ich höre Sie! Der Tod war hier an Bord, wo waren plötzlich alle?«

»Das war er wohl! Aber wieso an Bord?«, fragte der Rettungssanitäter mit der auffallend großen Nase. »Sie hatten einen schweren Autounfall und das Bewusstsein verloren. Sie stehen unter Schock. Können Sie mir ihren Namen nennen?«

»Patrick Cooper.«

»Herr Cooper, Sie haben eine offene Kopfwunde und sind in Ihrem Fahrersitz eingeklemmt. Ich werde nun Ihren Sicherheitsgurt durchschneiden und Sie da rausholen. Haben Sie verstanden?«

»Ja!« Cooper schaute nach oben durch sein viereckiges Panoramafenster, das er sich nachträglich in seinen Leichenwagen hatte einbauen lassen. Wegen seiner Panikanfälle! Es war bis auf die Frontscheibe das einzige Fenster, das nicht blind verglast war und so konnte er über sich den vollen Mond, eingehüllt in grauem Dunst, erkennen. Es nieselte, war kalt und leicht windig. Auf der Scheibe entfalteten sich kleine wellenartige Rinnsale. Er drehte den Kopf. Hinter seinem Helfer, der in eine knallorangefarbene Weste gehüllt war, sah er die *tote Tante* im cremefarbenen Mantel auf dem Boden liegen. Ihr weißes Haar war mit Blutspritzern bedeckt.

Der Sicherheitsgurt, der Coopers Oberkörper so fest

an seinen Sitz geschnürt hatte, dass ihm keine Bewegung möglich gewesen war, löste sich. Der Rettungssanitäter zog den Riemen aus dem Wagen und Cooper fühlte sich befreit. Er konnte durchatmen, roch dabei aber den süßlich-scharfen Gestank von Benzin auf der Straße. Er fasste sich an die schmerzende Stirn. Ihm lief Blut ins Auge.

Als der Bestatter auf einer Trage zum Rettungswagen geschoben wurde, sah er im flackernden Scheinwerferlicht vor seiner zerbeulten und qualmenden Motorhaube, wie der Junge mit dem lila Kapuzenpullover in einem schwarzen Sack verschwand. Diese Säcke kannte er gut, nur zu gut! Ein Berufskollege zog ihn zu.

Kein reiner Wein

»Im Namen des ...« Der Mann im schwarzen Seidenmantel hielt inne, legte das Blatt Papier zurück auf sein beigefarbenes Schreibpult, ließ sich auf seinen Lehnstuhl zurückfallen, setzte die Lesebrille erneut auf und las.

Etwas stimmte nicht. Etwas stimmte ganz und gar und überhaupt nicht. Die junge Frau vor ihm wurde unruhig. Im Saal war es nun so still, dass sie ihr eigenes Blut im Kopf rauschen hören konnte. Sie rutschte nervös auf dem Stuhl hin und her und starrte den Mann, der jetzt über ihr weiteres Leben bestimmen sollte, an wie eine entseelte Götze. Dabei hatte sie vor der Besprechungspause etwas Wohlwollendes in den Augen ihres Schicksalsbringers ausgemacht. War ihm plötzlich noch was Richtungsänderndes aufgefallen? Würde sein Urteil härter ausfallen als erwartet und sollten Mühe und Kampf der letzten Monate umsonst gewesen sein?

Natürlich, Marion Lustenberger hatte einen schweren Fehler begangen, aber sie hatte doch nachvollziehbar gehandelt, das hatte sie während des ganzen Prozesses jedenfalls versucht, glaubhaft zu vermitteln. Ihre Fingernägel bohrten sich in den gefalteten Händen schmerzvoll in das blutarme Fleisch. Als könnte das etwas bewirken, ließ ihr inneres Auge ihre Geschichte Revue passieren. Die erste Ohrfeige ihres Ehemannes, die sie traf wie eine Bleikugel mitten ins Herz, schoss ihr in den Sinn. Dieser eine Schlag hatte alles verändert, er bezeichnete den Anfang eines grässlichen Albtraums, der lange nicht zu Ende geträumt war. In Niels hatte sie gedacht, den Mann gefunden zu haben, der sie so akzeptieren würde, wie sie war. Der sie auch lieben könnte, ohne diesen verdammten Sex mit ihr haben zu wollen. Wie hatte sie sich so in ihm täuschen können? Wie hatte sie überhaupt zu illusionieren vermocht, dass es einen Mann auf dieser Welt geben könnte, der darauf verzichten würde, mit ihr zu schlafen?

Es war alles andere als einfach gewesen, ihr sogenanntes erstes Mal zu beschreiben, gleichzeitig aber zu wissen, dass sie es in allen Details hatte darlegen müssen: ihre Entjungferung. Sie 37, mit Handschellen gefesselt am schwarzen Eisenofen, blutend aus Nase und Ohren, blutend aus ihrer Vagina. Er, 29, vor ihr kniend, schwitzend, an ihrem Becken und ihren blonden Haaren reißend. Obwohl er vollgesoffen gewesen war wie ein uneinsichtiger Heckenpenner, hatte sich der Drecksack noch die Mühe gemacht, sich den Mund mit diesen Kirsch-Pfefferminz-Kaugummis vollzustopfen. Jedes Mal, wenn sie heute auch nur an Kirschen oder Pfefferminz dachte, kam ihr die süße Galle hoch. Sie war ihr oft hochgekommen, denn er hatte die Kaugummis gefressen wie eine fette Milchkuh Gras. So viele Tage hatte sie sich gewünscht, er hätte sich Erdbeer- oder Apfelkaugummis gekauft, doch er hatte es nicht getan. Kirscharoma bedeute Schmerz für sie und er schien es gewusst zu haben. Er war mit ihr ins Krankenhaus gefahren, hatte dem Arzt erzählt, seine nervenschwache Ehefrau sei vom Rad gefallen. Die zwei Wochen, die sie sich mit dem Schädelbasisbruch in der Klinik gequält hatte, hatte er sie nicht besucht, nicht ein einziges Mal mit ihr gesprochen. Auch auf dem Rückweg in seinem dunklen Pick-up zu ihrem ausgebauten Landkotten hatte er kein Wort gesprochen. Das Erste, was sie wieder von ihm hörte, war »Hure«, bevor er sie am selben Abend am Bett festschnallte, ihr das Höschen zerriss und sie zweimal vergewaltigte.

Für Marion Lustenberger bedeutete das Wort Sex

seit ihrem ersten Mal nichts anderes als Schmerz, Erniedrigung und Horror. Aber auch davor, ohne ihn jemals gehabt zu haben, hatte sie einfach nur Angst und Ekel für sexuelle Aktivitäten empfunden. Das war lange, bevor sie Niels kennengelernt hatte, das war immer so gewesen. Warum, das wusste sie nicht.

Als ihre Freundinnen früher in der siebten Klasse anfingen, mit Jungs auszugehen und von aufregenden Zungenküssen und später von Petting und Oralsex erzählten hatten, merkte sie, dass sie anders war. Bei dem Gedanken, sich einem Mann nackt zeigen zu müssen, sich von einem Fremden berühren, jemanden in sich eindringen zu lassen, wurde ihr schlecht. Grundlos. Oft glaubte sie, es wäre besser gewesen, wenn sie in ihrer Kindheit sexuell missbraucht worden wäre, dann hätte sie wenigstens eine Erklärung gehabt: nicht nur für die anderen, vielmehr für sich selbst. Doch dergleichen war nie geschehen. Dass ihre Freundinnen bald anfingen, sich über heißen Sex zu unterhalten, bekam Marion Lustenberger nicht mehr mit, denn sie zog sich mehr und mehr zurück. Sie ging auf keine Partys, ließ sich regelmäßig für Klassenfahrten krankschreiben, kam nicht zum Abiball. Sie wurde uninteressant für ihre Mitschülerinnen, später, nachdem sie sämtliche Flirtversuche, Einladungen und Komplimente abgeblockt hatte, auch für die Jungs aus ihrer Klasse. Einer sagte ihr mal ihre Abstinenz sei schade, denn sie sei das hübscheste Mädchen der ganzen Schule. Hätte die heranwachsende Marion Lustenberger sich geschminkt und sich modisch angezogen, wäre das vermutlich auch den Anderen aufgefallen. Aber das wollte sie gar nicht. Doch so sehr sie sich bemühte, auch durch weite Pullover und Schlabberhosen konnte sie ihre natürliche Schönheit nicht verstecken. Sie hatte eine schlanke Figur, einen stattlichen Busen, wie sie selbst fand, schöne, hellblaue Augen, einen wohlgeformten Mund, lockige, blonde Haare, die sie meisten zu einem Pferdeschwanz zusammenband.

Die Attraktivität musste sie wohl von ihrem Vater geerbt haben, denn ihre Mutter entsprach alles andere als einem Ideal. Sie war füllig, hinkte aufgrund einer Fußverletzung und war sogar mit einem Damenbart gestraft. Ihren Erzeuger kannte Marion Lustenberger nur von einem Foto, das sie in einer Kiste auf dem Dachboden gefunden hatte. Zumindest musste er das sein. Es war ein Schwarz-Weiß-Bild, das ihre Mutter in jungen Jahren zusammen mit diesem attraktiven, dunkelhaarigen Mann ablichtete, der ein in die Kamera grinsendes Baby im Arm hielt. Das Grinsen kannte sie, es war ihres. Sie sprach ihre Mutter nie auf die Fotografie an, überhaupt hatten sie nur zweimal über ihren Erzeuger, wie ihn auch ihre Mutter nannte, geredet. Einmal hieß es, er sei tot, dann, er sei einfach verschwunden. Kurz bevor ihre Mutter wenige Tage vor Marion Lustenbergers 18. Geburtstag an Darmkrebs verstarb, offenbarte sie ihr, dass sein Name David und er Engländer sei, nach seinem Militärdienst in Deutschland zurück auf die Insel gegangen sei und sich nie wieder gemeldet habe. Das war das Letzte, was sie über ihn hörte.

Mit finanzieller Hilfe durch das Jugendamt konnte Marion Lustenberger ihr Abitur machen, sie durfte in der Wohnung ihrer Mutter bleiben, die sie ihr übertragen hatte. Eine Hochschule kam nie infrage, obwohl sie gerne Tiermedizin studiert hätte. Aber sie musste Geld verdienen und sich selbst versorgen. Geschwister hatte sie nicht. Es gab nur eine Tante, die in Süddeutschland lebte und die sie in den ersten beiden Jahren nach dem Tod ihrer Mutter einmal im Monat besuchte, ihr ab und zu Bargeld schickte. Die Besuche wurden seltener und hörten schließlich ganz auf. Es störte Marion Lustenberger nicht. Sie fing eine Ausbildung zur pharmazeutisch-technischen Assistentin an und kaufte sich einen Labrador namens Flocke.

Sie hatte ihn geliebt. 14 Jahre hatte der Hund neben ihr im Bett geschlafen. Als er starb, brach ihr Herz zum ersten Mal. Als der treue Hund aufhörte zu atmen, machte sie einen Fehler. Einen bitterbösen Fehler. Sie fühlte sich einsam, sie wachte weinend auf, sie legte sich nach ihrem Dienst in der Apotheke schluchzend ins Bett, wurde heulend wach. Auf der Arbeit weinte sie nie, konnte sich zusammenreißen – äußerlich. Innerlich verzweifelte die junge Frau.

Zu diesem Zeitpunkt nahm sie zum ersten Mal ein Beruhigungsmittel. Zunächst war es harmlos, später wurde sie süchtig: Baldrian, Barbiturate, Benzodiazepine. Sie brauchte nicht viel. Ein Gewöhnungseffekt wie bei anderen Medikamentenabhängigen, die sie als ihre Kunden kannte, setzte nie ein. Doch sie nahm die Pillen und Tropfen täglich und bis zum Schluss. Es fiel nicht auf. Hin und wieder bestellte sie eine Packung mehr, kein Problem. Ob die Medikamente mit dafür verantwortlich waren, dass sie sich, ruhiger geworden, auf Niels einließ,

141

konnte sie nicht beantworten. Es spielte auch keine Rolle. Sie tat es.

Niels war ihr Paketzusteller. Groß, muskulös, attraktiv mit braunen Haaren und markantem Gesicht. Er lieferte ihr ein Paket mit ein paar Shirts und Blusen, die sie sich im Internet – sie hasste es, Klamotten im Laden anzuprobieren – bestellt hatte. Das tat sie etwa alle zwei Monate. Sie hätte es sein lassen können, um einer weiteren Begegnung mit ihrem Verehrer zu entgehen, aber sie tat es nicht. Schließlich ließ sie sich sogar viermal im Monat Dinge, die sie gar nicht benötigte, kommen. Bei seiner ersten Lieferung bemerkte Niels ihr tränenverschmiertes Gesicht und bot ihr ein Taschentuch an, bei der nächsten Bestellung brachte er ihr ein ganzes Paket Taschentücher mit. Danach einen selbst gebastelten Blumenstrauß aus liebevoll gefalteten Taschentüchern. Sie unterhielten sich, erst an der Tür, später ließ sie ihn rein. Dann kam er auch außerhalb seiner Arbeitszeiten, überreichte ihr immer eine Aufmerksamkeit, was Marion Lustenberger jedes Mal ein Lächeln ins Gesicht zauberte. Niels war zuvorkommend, charmant und bedrängte sie nicht. Sie sprachen über alles. Sie sprachen über das Wetter, über Tiere, über amerikanische Sitcoms, französische Weine, neuseeländische Ureinwohner. Es gab zwei Dinge, über die sie nicht sprachen: Medikamente – er erfuhr nie etwas von ihrer Sucht – und Sex.

Als er sie nach einem Kinobesuch küsste, verriet sie ihm, dass es ihr erster Kuss war, sie war gerade 36 Jahre alt geworden. Sie fand den Kuss schön, sogar aufregend. Sie mochte seine Nähe und liebte die Zärtlichkeit. Doch sie sagte ihm noch am selben Abend, dass es nie zu mehr kommen würde. Sie sprachen eine halbe Stunde darüber, und als sie ihn fragte, ob er das akzeptieren könne, nahm er sie in den Arm und sagte »Oh, meine süße Mary, natürlich tue ich das. Ich würde niemals etwas machen, was du nicht möchtest. Ich liebe dich.« Und Marion Lustenberger wurde glücklich.

Ihr Glück stieg ins Unermessliche, als Flöckchen in ihr Leben trat. Flöckchen war eine hübsche Golden Retriever-Dame, sie bedeutete alles für Marion Lustenberger. Natürlich hatte Niels sie ihr geschenkt. Ihr brach zum zweiten Mal das Herz, als er die Hündin drei Jahre später umbrachte. Ertränkt in der Wassertonne vor ihrem Haus, abgemurkst vor ihren Augen, ausgelöscht, weil sie ihm ins Bein biss, als er sie und danach *sie* verprügelte.

Doch bis dahin sollte noch Zeit vergehen. Zeit, in der sie sich angeregt unterhielten. Sie redeten über alles: über Politik, über Pflanzen, über italienischen Barock, asiatische Kampfkunst, mexikanische Zigarren. Bald sprachen sie über Hochzeiten, ein Jahr später heiratete sie ihn. Sein Antrag war voller Romantik. Er fuhr mit ihr und Flöckchen raus in die Natur. Sie hielten an einem reetgedeckten, renovierten Bauernkotten, zu dem er einen Schlüssel hatte und sie hereinbat. Im Hinterhof zwischen Bachlauf, Birnen- und Haselnussbäumen offenbarte er ihr, dass er das Haus für sie beide gekauft hatte. Dann stellte er die alles verändernde Frage und sie konnte nicht nein sagen. Was für ein Paradies, was für eine Hölle!

Zwei Wochen nach der Hochzeit wurde er zur Bestie. Vier qualvolle Jahre ertrug Marion Lustenberger seine Misshandlungen, seine Schläge, das Kirsch-Pfefferminz-Kaugummi und die Handschellen, mit denen er sie an jedem erdenklichen Platz im Haus festmachte, um sich an ihr zu vergehen. Anfangs wehrte sie sich. Acht gebrochene Rippen, einen Milzriss und Hunderte Blutergüsse später, tat sie das nicht mehr.

Schwanger wurde sie nie. Für Niels war sie die Schuldige daran. »Kastrierte Schlampe«, nannte er sie. Sie selbst war froh, dass ihr wenigstens ein Kind mit ihm erspart blieb.

Eine Woche nachdem er Flöckchens leblosen Körper auf der Wiese hinterm Haus zwischen Bachlauf, Birnen- und Haselnussbäumen verbrannt und ihr danach die neunte Rippe gebrochen hatte, weil er ihr Gejammer nicht ertragen konnte, klaute sie aus der Apotheke eine Großpackung Benzodiazepine. 50 Milligramm, 50 Tropfen sollten reichen, um ihr geschundenes Herz am Weiterschlagen zu hindern. Sie nahm sich ein Glas aus dem Küchenregal und öffnete eine Flasche roten, französischen Wein. Dann holte sie aus dem Schlafzimmer im Obergeschoss ein Foto von Flocke, eines von Flöckchen und, nach kurzer Überlegung, auch das mit ihren verstorbenen Eltern aus jungen Jahren. Sie schritt die baufällige Treppe hinunter, setzte sich an den massiven Küchentisch aus Eichenholz und zündete eine Kerze an. Die Bilder platzierte sie auf der Tischplatte und füllte das Glas mit dem französischen Rotwein und den braunen Todestropfen. Als sie im Begriff war, den erlösenden Schluck zu trinken, vernahm sie Niels Wagen, der auf den Hof fuhr. Eine Stunde vor seinem Feierabend. Panik überfiel sie, denn sie würde es nicht

145

rechtzeitig schaffen, nicht früh genug sterben und sie wollte auf keinen Fall noch einmal Schmerzen ertragen müssen. Sie ließ die Fotos eilig unter dem Sitzkissen verschwinden.

Von ihrem Stuhl aus konnte sie in die Diele schauen. Sie hörte, wie sich der Schlüssel im rostigen Türschloss drehte. Er trat ein, hängte seine Fleecejacke an den Garderobenständer und ging, ohne sie eines Blickes zu würdigen, über den knarrenden Dielenboden ins Bad neben der Haustür. Er drehte das Wasser in der Badewanne auf, kam zurück und stellte sich breitbeinig in die Tür. Der Mann hielt inne, sie rutschte immer noch nervös auf ihrem Stuhl hin und her, bohrte ihre Fingernägel fest in das blutarme Fleisch ihrer Hände.

Sein muskulöser Oberkörper war frei, der Gürtel geöffnet. Er kaute Kaugummi und sagte in bedrohlich ruhigem Ton: »Na, Schlampe, wieder am Saufen? Pass mal auf, Papa hatte einen anstrengenden Tag und geht jetzt in die Wanne. Wie wäre es, wenn du mir auch so ein hübsches Glas Wein bringst und dich danach nach oben verziehst und schon mal festmachst?«

»Guten Abend Niels. Ja, das mache ich. Ich bringe dir ein Glas Wein ins Bad und gehe dann ins Bett und mache mich fest«, sagte sie äußerlich emotionslos, innerlich angeekelt und verängstigt.

»So muss das sein«, sagte Nils und verschwand erneut im Bad. Sie wartete ein paar Augenblicke, nahm dann das Glas mit dem Wein und den braunen Todestropfen und folgte ihm ins Badezimmer. Er lag in der weißen Standwanne wie ein Sultan in seiner Sänfte. Sein linker Arm hing über dem Badewannenrand, in der Hand hielt er eine halb heruntergebrannte Zigarette. Die Asche rieselte neben seine Hose auf die pfirsichfarbenen Fliesen. Dampf stieg an die vergilbte Decke, die Niels anstarrte. »Dein Rotwein«, sagte sie.

»Verschwinde nach oben und klatsch dir Kleister ins Gesicht! Du siehst aus wie meine tote Oma!«, spottete er und nahm das Glas in dieselbe Hand, in der er die Kippe hielt. Marion Lustenberger verließ das Badezimmer, ging in die Küche, nahm sich ein neues Glas aus dem Schrank und setzte sich zurück an den Tisch. Sie legte die Fotos von Flocke und Flöckchen wieder neben die Kerze und schenkte sich Wein ein. Tropfen hatte sie nicht mehr, Tropfen brauchte sie nicht mehr. Als sie zehn Minuten später sein Glas auf den Fliesen im Bad zerbrechen hörte, grinste sie wie auf dem Bild im Arm ihres Vaters. Als sie eintrat, war er bereits bis zur Nase
147

ins Wasser gerutscht. Doch, um ganz sicher zu gehen, drückte sie seinen Kopf noch etwa eine halbe Stunde unter Wasser, während sie ruhig auf dem Badewannenrand sitzend ihren Wein trank.

Danach brauchte sie fast eine Stunde, bis sie ihren Ehemann aus der Wanne gehievt, ihn durch das Gebäude in den Hinterhof geschleift und auf der Wiese zwischen Bachlauf, Birnen- und Haselnussbäumen liegen gelassen hatte. Nachdem sie den leblosen Körper verbrannt hatte, ging sie zurück zum Haus, rief die Polizei und zeigte sich selbst an.

Das Erste, was Marion Lustenberger tat, als sie nach sieben Jahren aus dem Gefängnis wieder in den nicht verkauften Bauernkotten kam, war, ein Bad zu nehmen und dabei einen roten französischen Wein zu trinken. Sie kaufte sich wenige Tage später einen braunen Welpen und taufte in Tröpfchen. Sie hatte nie mehr Sex, schluckte nie wieder Medikamente und lebte glücklich bis an ihr Lebensende.

Der Mann im schwarzen Seidenmantel setzte seine Lesebrille ab, stand auf und hob erneut an: »Im Namen des gesamten Verlagshauses Kienzle und Schuhbeck darf ich Ihnen zu Ihrem neuen Bestseller gratulieren,

Frau Oswald. *Das*, meine Verehrte, ist eine Geschichte, die wir ganz vorne in die Schaufenster bringen werden.« Der Lektor tippte mit dem Zeigefinger auf die letzte Seite ihres Manuskripts »... lebte glücklich bis an ihr Lebensende. *Das* ist ja mal komplett gewagt. Das hat sich seit den Grimms wohl niemand mehr getraut.« Kienzle klatschte anerkennend in die Hände und nickte mit dem Kopf.

»Meine Güte, mein Herz ist aber eben fast stehen geblieben. Was für ein erfreuliches Urteil«, sagte Katharina Oswald, die sich ernsthafte Sorgen gemacht hatte, nach ihrem letzten Roman, der nicht so gut angekommen war, aus dem Verlagsprogramm zu fliegen. Nachdem sie dem Lektor die Hand geschüttelt hatte, verließ die Autorin voller Zuversicht und genüsslich auf ihrem heiß geliebten Kirsch-Pfefferminz-Kaugummi kauend den Lesesaal des Verlagshaus Kienzle und Schubeck.

Panzerschokolade

»Wir teilen ja Drogen, die wir beschlagnahmen, nur in fünf Klassen ein. Aber Agent Jeff, wenn du *mich* fragst, ich persönlich würde eine Sechste dazu nehmen und die Dinger hier auf die Fahndungsliste setzen«, sagte Neil Porter, Einsatzleiter der Drug Enforcement Administration Task Force Phoenix, Arizona und biss in einen Frozen Strawberry Donut.

»Dann müsste ich dich jetzt verhaften«, antwortete sein junger Kollege, der neben ihm im blauen Hummer saß und heute, nach einer harten, 18 Wochen dauernden Ausbildung zum DEA Agent, seinen ersten Einsatz erleben sollte. Vor vier Tagen hatte er erst sein Abschlusszeugnis erhalten.

Agent Porter lachte laut: »Stimmt. Aber versuch mal einen Double Choclate Walnut.« Er reichte seinem neuen Mitarbeiter die rosafarbene Donutschachtel.

»Nein, lass mal, ich stehe nicht so auf Süßes.«

»Bist nervös was? Theorie ist was anderes als Praxis. Ist der Sprung ins kalte Wasser zur richtigen Zeit, jetzt siehst du, wie es wirklich zugeht im Geschäft. Und ich sage dir, du wirst Süßes brauchen, um das hier durchzustehen, oder es gibt Saures.«

Der hat wahrlich gut Reden und Lachen, dachte Jeff, ist ja nun schon über 20 Jahre im Dienst. Nervös war er überhaupt nicht, er konnte sich auf seine Fähigkeiten verlassen und war schlicht und einfach erpicht darauf, endlich an den Tag legen zu können, dass er ein Guter war. Aber es wurde wohl von ihm verlangt, Nerven zu zeigen.

»Ja, ein bisschen aufgeregt und einfach keinen Hunger«, murmelte Jeff. Was er Agent Porter nicht verriet, war, dass er einen rekordverdächtigen Abschluss an der Akademie gemacht hatte. Bestnoten in Recht, Psychologie, Kriminologie und Technologie. Sogar in Spanisch, das er komplett neu erlernen musste, hatte er als Klassenbester abgeschnitten. Fahrtraining, Schießübungen, körperliche Fitness – ohne Mängel bestanden. Ein einwandfreies psychologisches Gutachten. Jetzt konnte er unter Beweis stellen, dass er was drauf hatte. Er wollte sich auf seinen unbedingten Willen, ein disziplinierter, gewissenhafter Drogenfahnder zu sein, berufen können.

»Ach komm schon, Agent Jeff, du bist fit, habe

jedenfalls so was in der Richtung gehört. Ist nix weiter dabei. Wir warten auf den Befehl, dann fahren wir mit dem Wagen vor und klopfen. Der Typ wird überrascht sein. Vermutlich kocht er gerade.« Was er Jeff nicht verriet, war, dass er sich detailliert über den Abschluss seines neuen Mitarbeiters erkundigt hatte. Bestnoten in Recht, Psychologie, Kriminologie, Technologie und im Schießen. Ein psychologisches Gutachten nach Maß. Kleiner arroganter Schnösel, der würde schon gleich erleben, was es heißt, in seinem Bezirk zu fahnden. In die Hosen wird er sich machen, dachte Porter.

»Gehen wir direkt mit gezogener Waffe rein?« Jeff kam sich blöd vor, er wusste genau, wie man einen Verdächtigen festzunehmen hatte, wollte aber auf keinen Fall am ersten Tag den Spezialisten raushängen lassen und lieber noch ein paar Fragen stellen.

»Natürlich, und die Person sofort mit den Handschellen festsetzen! Wenn er nicht aufmacht, brechen wir die Tür auf. Toni und César schirmen die Rückseite ab.«

»Und das Labor ist ohne Scheiß in der Küche, ja?«

»Ja, der Kerl scheint geistig unterbelichtet zu sein, ist ein Neuling auf dem Markt, fängt schon bescheuert an. Ein Mex, 24 Jahre alt. Hier, kannst dir ein Bild anschauen, hatte der Dummbeutel in seinem Facebook-

Profil." Porter zog ein gefaltetes Blatt Papier aus seiner Brusttasche, klappte es auf und hielt es seinem Kollegen vor die Nase.

»Ah, der sieht aber böse aus«, sagte Jeff, der auf ein Bild schaute, das einen braun gebrannten, muskulösen Mann in schwarzer Lederkutte zeigte. In der rechten Hand hielt er eine nach unten gerichtete Pistole.

»Ach, das ist ein Kasper! Schön, dass wir ihn direkt hochnehmen können, bevor er sein Zeug auf den Straßen los wird,« sagte Agent Porter, wischte sich mit einer Servierte den Zucker vom Mund und pfefferte den halben Donut zurück in die Box. Er öffnete das Handschuhfach vor Jeffs Füßen und zog eine Portemonnaie große Plastiktüte mit kleinen, blauen Kristallen heraus. »Die sind von ihm, für einen Laien gar nicht schlecht gemacht, haben die Chemiker analysiert. Er hat massenweise Pseudoephedrin dafür klauen lassen.«

»N-Methylamphetamin-S-N-Methyl-1-phenyl-propan-2-amin. Habe ich in der Vorlesung auswendig lernen müssen«, sagte Jeff, bevor er darüber nachdachte, dass das wohl extrem überheblich rüber gekommen sein

153

musste.

»Ach ja? Die Formel hatte ich nicht mehr so auf dem Schirm. Die vergiss auch gleich wieder. Hier auf der Straße ist das einfach Meth, Chrystal oder Ice. Panzerschokolade ist mein persönlicher Favorit.« Porter blickte seinen Kollegen an, der sich im Außenspiegel des Wagens beobachtete und an seinem Kragen herum fummelte: »Hey, willst du gar nicht wissen, warum man es auch Panzerschokolade nennt?«

Jeff wandte sich der Fahrerseite zu, versuchte, verdutzt zu schauen: »Panzerschokolade? Keine Ahnung, was das ist«, log er.

»Die Deutschen haben im Zweiten Weltkrieg ungefähr 60 Millionen Methamphetamin-Tabletten an den Fronten verballert. War ein legales Medikament, Pervetin. Das hat die wach gehalten und zu aggressiven Bestien gemacht. Die Soldaten-Krauts haben Panzerschokolade dazu gesagt.«

Oder Hermann-Göring-Pillen oder Stukka-Tabletten, formulierte Jeff in Gedanken, sagte aber nichts weiter, denn Porter wollte jetzt sicher zeigen, dass er sich auch in der Theorie auskannte.

Das Walkie-Talkie rauschte. Eine leicht verzerrte Stimme aus der Zentrale diktierte: »Alle auf dem Posten. Zielperson befindet sich in der Küche. Befehl zum

Zugriff.«

»Zugriff«, wiederholte Agent Porter. »Wir haben grünes Licht. Jetzt geht es los Jeff.« Er startete den Motor, die Reifen quietschten und der Wagen schoss die Straße herunter.

Alles ging Schlag auf Schlag. Porter trat die Tür ein, sie stürmten mit erhobenen Waffen die Küche, ließen dem Delinquenten keine Chance zur Flucht.

»No dispares! Nicht schießen!«, schrie er und verschränkte die Arme über seinem Bandana, das er auf dem Kopf trug. Jeff erkannte den Mann wieder, der auf dem Foto abgelichtet war, allerdings erschien er deutlich kleiner und dünner.

Während Jeff weiter seine Glock auf den Mann hielt, der statt Kutte ein Unterhemd trug, rannte Porter auf ihn zu, knickte ihm mit dem Fuß die rechte Kniekehle ein und stieß ihn auf den Boden. Jetzt lag der Koch auf den Küchenfliesen und jammerte. Sein Kopftuch war ihm von der Stirn gerutscht, die Hände mit Plastikfesseln auf dem Rücken fixiert. Der Mann spulte ein beachtliches Repertoire an Schimpfwörtern ab: »Cara del culo, cabrón, hijo de puta. Me vale madre.«

»Tranquilo, güey, reg dich mal ab, Alter.« Jeff redete Spanisch mit mexikanischem Akzent und versuchte, authentisch rüber zu kommen.

»Lass ihn mal«, sagte Porter zu Jeff, sprach dann zu dem Mann und bewies, dass auch er des Spanischen, zumindest in ein paar wichtigen Fragen, mächtig war: »Dónde lo escondes? Wo ist das Zeug?«

Der Koch beteuerte, dass er von nichts wüsste, er hätte nur rumexperimentiert. »Halt die Schnauze«, sagte Porter. »Wir finden es selbst.« Er wischte mit dem rechten Arm Töpfe, Kolben und Schläuche vom Tisch, trat mit dem Fuß Kanister um, die auf dem Boden standen. Nachdem er sämtliche Schubladen und Türen in der Küche aufgerissen hatte, zog er unter der Spüle ein Dutzend Plastiktütchen mit blauen Kristallen heraus. Mit dem Fuß teilte Porter die Beutel in zwei Haufen mit jeweils sechs Tütchen, zog erneut seine Waffe aus dem Gurt, kniete sich zu dem Koch runter und löste ihm die Plastikfesseln. »Mach keine falsche Bewegung. Du gehst jetzt *langsam* zur Spüle und nimmst da den Eispickel raus«, sagte er und spuckte danach auf den Boden, um seiner Forderung Ausdruck zu verleihen.

»Warum?«, fragte der Dealer.

»Warum?«, fragte Jeff.

»Darum!«, sagte Porter.

Jeff verstand das nicht, die Zielperson war doch festgesetzt, er konnte keine Taktik in Porters Anweisung erkennen, sich an keine derartige Strategie erinnern. Er beobachtete den Mexikaner, wie er einen Eispickel mit ungefähr 30 Zentimeter langer Metallspitze aus dem Waschbecken nahm und am Holzgriff festhielt.

»Jetzt gehst du *ganz langsam* mit dem Pickel auf mich gerichtet auf mich zu, du Taco fressender Bastard. Von mir aus kannst du dabei irgendwas auf Spanisch krähen.«

»Was soll das?«, fragte Jeff und schüttelte dabei den Kopf. Der Koch war gerade auf einen Meter an Porter herangekommen, der mit seiner Waffe auf den Kopf des Mexikaners zielte.

»Nein«, schrie Jeff, dann hörte er einen ohrenbetäubenden Schuss und der Körper des Dealers fiel wie ein Sack Sand seitlich auf den Küchenboden. Blut lief aus seinem Mund. Jeff merkte den Boden unter sich zusammenbrechen, den Himmel auf seinen Kopf fallen. Ein solches Gefühl hatte er bisher erst zweimal im Leben gehabt. Einmal, als ihm seine Mutter erzählte, dass es gar keinen Weihnachtsmann gebe und ein

157

zweites Mal, als seine langjährige High-School-Freundin ihm beichtete, sie habe mit seinem Room-Mate geschlafen. »Bist du verrückt geworden? Das war Mord, du hast ihn hingerichtet«, brüllte Jeff.

»Nein, tierisch knapp war das. Zumindest werden wir das in unserem Bericht etwas ausschmücken müssen«, Porter lachte gereizt. »Für einen Moment habe ich gedacht, er ist mit dem Eispickel schneller.« Jeff spürte seinen Herzschlag in der Magengrube. Er wusste nicht wohin mit seinen Augen, nicht wohin mit seinen Händen, nicht *wohin*.

Porter nahm dem Toten den Pickel aus der geöffneten Hand und setzte sich damit auf einen Stuhl vor den schmalen Klapptisch, der am Küchenschrank angebracht war. Darauf lag ein Backblech, das mit einer glasartigen, hellblauen Masse ausgefüllt war. »Gut, dass das alles schon verhärtet ist. Wirklich Sweet«, sagte Porter und haute mit dem spitzen Stab auf die Substanz ein, die erst Risse zog und dann in kleine, blaue Eisstückchen zersplitterte. »Kochen kann er wohl, ahm, *konnte* er. Ist gut geworden und wird uns ne Menge Kohle einbringen.«

Jeff verstand nicht: »Uns?«

»Ja, *uns*. Was denkst du denn wem, den Illuminaten? Wenn wir *sechs* Plastiktüten ins Asservat bringen, reicht das wohl. Sei froh, dass ich das hier auch noch klein haue, das bedeutet gleich ein paar Tausend Dollar mehr für dich.«

»Was?« Jeff schrie seinen Kollegen an, der dabei nicht mal aufblickte und seelenruhig weiter auf die Masse einstach: »Tu nicht so blöd, Agent Jeff. Das ist jetzt keine Theorie, das ist knallharte Praxis. Hast du echt gedacht, dass wir uns nichts von dem Gewinn einstreichen?« Er warf ein paar Kristalle in die Luft. »Glaubst du, ich könnte ohne das hier meine drei Hosenscheißer ernähren? Bei dem miesen Gehalt? Drauf geschissen, wenn ich dir die Illusionen nehme, aber so läuft das nunmal. Friss oder stirb! Sei arm oder reich! Süßes oder Saures!«

Jeff fluchte: »Da mache ich auf *gar keinen Fall* mit. Ich bin DEA-Agent und vertrete das Gesetz der Vereinigten Staaten. Du hast einen Menschen exekutiert und handelst mit Drogen.«

»Ich bin DEA-Agent«, Porter äffte seinen Kollegen nach. »Du bist nicht mehr in der Akademie. Finde dich damit ab. Und glaub bloß nicht, du könntest irgendwem was stecken, sonst verlierst du den Job schneller als du schlucken kannst. Dafür sorge ich. Nimm einfach deinen Anteil und halt dein Maul.«

Jeffs Hände tasteten nach seinem Pistolengurt, flink wie ein Cowboy zog er seine Glock heraus und richte sie mit beiden Händen auf seinen Kollegen: »DEA. Du bist festgenommen. Du hast das Recht zu schweigen. Alles, was du sagst, kann vor Gericht gegen dich verwendet werden. Du hast das Recht auf einen Anwalt. Solltest du dir keinen leisten können, stellt dir das Gericht einen zur Verfügung.«

Jetzt blickte Porter endlich hoch und sah direkt und mit weit aufgerissenen Augen in den Pistolenlauf: »Jeff, bist du verrückt geworden? Steck die Knarre weg!«

»Aufstehen, die Waffe fallen lassen und Hände über den Kopf!«

»Man, komm mal wieder runter, ist ja alles gut. Ich habe doch gesagt, du brauchst Süßes, sonst gibt es Saures!«

»Halt den Mund, hör endlich auf von diesem Süßen und Sauren zu quatschen, ich bin kein Baby, verstanden? Du tust jetzt das, was *ich* sage!«

»Ist ja gut«, Porter stand auf, befolgte aber Jeffs Anweisungen nicht und ging mit dem Eispickel in der Hand langsam auf Jeff zu.

»Stehen bleiben, Waffe fallen lassen oder ich

schieße!«

»Beruhige dich jetzt, ich kann dir das erklären, aber nimm erst deine Kanone runter!« Porter kam näher, stand nun noch einen Meter vor Jeff.

»Noch einen Schritt und ich schieße!«, sagte der mit todernster Mine.

Porter ging den verhängnisvollen Schritt und Jeff drückte ab. Sein Kollege wurde nach hinten geschleudert, der Schuss hatte ihn in den Hals getroffen, das Blut spritzte pulsierend und in Schwallen über die Küchenzeile, über den Boden und über den toten Dealer, der sich die Hände über sein Bandana gelegt hatte und stammelte: »Nicht schießen. Eso fue sólo una broma!«

Jeff fiel vor Schreck die Pistole aus der Hand, er taumelte nach hinten und blickte den Mexikaner an, als wäre er ein Geist. War er ein Geist?

Die Haustür sprang auf, Jeff hörte Toni lachen und César rufen: »Hey ihr Halunken, gleich zweimal geschossen? Das war doch gar nicht geplant.«

»Scheiße, was ist denn hier los?« Toni fiel die Sektflasche aus der Hand. Sie krachte auf den Boden und zersplitterte in Kristalle, diesmal in grüne. Der

161

Schampus verteilte sich auf den Fliesen wie das Blut unter dem toten Mexikaner, der nun aufstand und César anschaute: »Se fue tan rápido, hermano. Ich konnte nichts machen man, es ging zu schnell.« César sagte kein Wort, er schaute fassungslos auf Porter, Toni war auf ihn zu gerannt und hatte seinen Oberkörper hochgehoben: »Er ist tot, scheiße Jeff, was hast du gemacht? Wie sollen wir das jetzt erklären?«

»Aber, er hatte den Dealer erschossen und wollte das Crystal verticken. Man, er war kurz davor, mich mit dem Eispickel zu erschlagen«, brach es aus Jeff heraus.

Toni hatte sich auf den Boden gesetzt, lehnte an der Küchenwand und steckte sich apathisch ein paar blaue Kristallstückchen in den Mund, die auf dem Boden gelandet waren. Die sind doch alle total wahnsinnig geworden, dachte Jeff, den jetzt splitternackte Panik überfiel. Er wusste genau, dass er nicht träumte, aber er konnte an nichts mehr glauben. César ging auf seinen Bruder Tico zu, der im Dearing Acting Studio Phoenix Schauspiel studierte und eben in seinem eigenen Haus seine wohl traurigste Rolle spielen musste.

»*Herzlich willkommen* in unserem Team, Jeff und *Glückwunsch* zur besten DEA-Ausbildung *aller Zeiten* im Staat Arizona. Deine Einstandsprüfung hättest du fast bestanden und Loyalität bewiesen, du Vollidiot. Jetzt bist du ein Mörder!«» Er wandte sich dem Schauspieler zu: «Tico, gib ihm mal das Rezept und dann soll er uns selbst sagen, wie es weitergeht.«»

Tico drückte Jeff einen Notizblock in die Hand und der las dort auf der ersten Seite etwas, was er von der Akademie her nicht kannte: Crystal Meth Candy, Zutaten: zwei Tassen Zucker, eine Tasse Maissirup, ein halber Liter Wasser, ein viertel Milliliter Pfefferminzlikör, vier Tropfen blaue Lebensmittelfarbe.

Zwischen Tür und Angela

»Ding Dong.« Lennard zuckte zusammen und riss die Augen auf. Er starrte an die weiße Decke über seinem Bett, ohne zu wissen, was ihn geweckt hatte. Unter seiner Schädeldecke pochte ein beißender Schmerz. Erst gegen fünf Uhr morgens war er aus der Bar Clockwerk nach Hause getorkelt. Die Flatrate-Party mit reichlich Wodka hatte er genutzt, um mit Freunden seinen 22. Geburtstag zu feiern. *Nur* mit den Kumpels. Mit seiner Freundin Angela – seit zwei Jahren wohnten sie jetzt zusammen – hatte es Streit gegeben. Wieder mal wegen seines angeblich übertriebenen Alkoholkonsums und seines Realitätsverlustes, den sie ihm anhängen wollte. Und wegen seiner vermeintlich chronischen Spielsucht. Schon am Nachmittag war sie zu ihren Eltern gefahren, um Mitternacht hatte sie ihm nicht gratuliert. Er liebte sie über alles.

Scheiß Leben! Keine Kohle mehr auf Tasche, kein Bock mehr auf den Job in der Tischlerei seines Vaters. Angela wie immer weg, wenn er sich sein gutes Recht rausnahm, zwei Tage hintereinander zu saufen und zu feiern. Sie verstand ihn nicht, aber sie konnte ja auch das tun, was er ebenso hätte machen wollen und sicher leistungsmäßig auch hätte können: studieren. So war das, er hatte ein angesehener Architekt werden wollen, nun sägte er an Küchenmöbeln rum. Gut, dass heute Sonntag war, Pause von der Besserwisserei seines Alten, der ihm mächtig auf den Sack ging.

»Ding Dong.« Jetzt registrierte Lennard die Türklingel. *Scheiße, wer ist das?* Angela hatte noch nie ihren Schlüssel vergessen, Besuch erwartete er sonntags prinzipiell nicht.

Lennard tastete mit seiner rechten Hand über die Bettkante, fühlte seinen Nachttisch, er schmiss eine halb volle Flasche um und das Bier floss auf einen rosa-weißen Zettel. Er fand sein Handy. Es war aus, Akku leer. Kurz überlegte er, ob er zur Tür gehen oder einfach weiterschlafen sollte.

»Ding Dong.« Er warf die Wolldecke vom Bett, schnappte sich den nach kaltem Rauch stinkenden Pulli vom Schreibtischsessel und zog ihn über. Ohne Strümpfe und nur in karierten Boxershorts stolperte er durch sein Zimmer, in den Flur, zur Haustür. Er rieb sich die Augen, öffnete. »Was willst du hier? Es ist Sonntag,

165

ich arbeite auf gar keinen Fall«, fauchte er seinen Vater an.

»Musst du auch nicht, ich habe dich gerade angerufen, dein Telefon ist aus«, sagte der Mann im Blaumann. Lennard schaute ihn mit zusammengezogenen Augenbrauen an. Schweigeminute.

»Es ist egal, weil, mein Junge, du gehst *nie wieder* arbeiten.« Der Tischlermeister schrie so laut, dass es im ganzen Treppenhaus hallte. Er gackerte und gluckste und grinste, wie es Lennard noch nie von seinem Vater gehört oder an ihm gesehen hatte.

»Was hast du? Du siehst aus wie Stefan Raab.«

»*Das*, mein Sohn, *das* ist der Grund, warum wir nie wieder malochen gehen werden… und Raab brauchst du auch nicht mehr schlagen.« Aus seiner Manteltasche zog er einen rosa-weißen Schein, schlug zwei Mal mit dem Handrücken darauf. »Hier, guck es dir an, alle richtig. Eine Viererwette, Alpha Dream, Esperanza, Tornadé und Irish Star, *alle* haben gewonnen. Ich habe immer gesagt, Pferderennen zahlen sich aus. Zieh dich an, wir fahren sofort zu deiner Mutter.« Lennards Vater fiel seinem Sohn in die Arme, klopfte ihm auf die Schulter. »Wir sind reich, mein Sohn.« Seine Stimme wurde leiser und dann übertönt. »Ding Dong.«

Lennard zuckte zusammen, riss die Augen auf und

starrte an die weiße Decke über seinem Bett. Er wusste, was ihn geweckt hatte. Wow, was für ein krasser, geiler Traum, man war das real. Warum nur ein Traum verdammt? *Und wer klingelt hier am Sonntag jetzt wirklich an meiner Tür?* Er tastete auf seinem Nachttisch nach seinem Handy, schmiss eine halb volle Bierflasche um, schaute auf das Display. Akku leer, Pulli an, zur Tür. Er öffnete.

»Lennard Hinrichs?« Einer der beiden Polizisten zog seine Schirmmütze vom Kopf. »Ihr Mobiltelefon ist aus. Es gibt eine traurige Nachricht. Sie sind der Lebensgefährte von Angela Moreno?«

»Bin ich«, stammelte Lennard, sein Puls begann zu rasen.

»Sie ist in eine U-Bahn-Schlägerei geraten.«

»Ach, du scheiße. Ist was Schlimmes passiert?«

»Sie ist noch auf dem Gleis verstorben, ihre Verletzungen waren zu schwerwiegend. Es tut mir leid für Sie.« Die Worte des Polizisten wurden leiser und dann übertönt »Ding Dong.« Lennard zuckte zusammen, riss die Augen auf, starrte an die weiße Decke. Er wusste, was ihn geweckt hatte. *Was geht denn hier ab?*
167

Man war das real. Und wer war eigentlich Angela? So ein Quatsch, seine Freundin natürlich. War sein Vater nicht tot? So ein Quatsch, er arbeitete doch bei ihm.

Lennard tastete nach seinem Handy, schmiss eine halb volle Bierflasche um, fand sein Handy und schaute auf das Display. Das Gerät war eingeschaltet: 9.30 Uhr, zwei Anrufe in Abwesenheit, eine sehr vertraute und eine völlig unbekannte Nummer. Ziemlich real. »Ding Dong.«

Pappkameraden

Frank Ribéry lupfte den Fußball im Schneegestöber über Iker Casillas. Der Ball zappelte im Netz, dann wurde der grüne Rasen weiß. Es lag Schnee, *er lag* im Schnee. Da war kein Ribéry, kein Casillas, kein Fußballfeld. Er musste geträumt haben. Er spürte Eiseskälte unter sich, stützte sich mit dem rechten Arm auf der Schneedecke ab und drückte sich hoch, stand dann aufrecht. Er zitterte am ganzen Körper, hustete, rang nach Luft. Am schlimmsten schmerzten seine Waden, stechende Eisklötze im Frost. Vincent konnte nichts sehen. Er war schnee- und nachtblind zugleich. Das, was er sah, war einfach nur schwarz-weiß. Das, was er einatmete, tat einfach nur weh. Aus seiner Nase lief salzige Rotze in seinen Mund. Millionen Schneeflocken wirbelten im Nachthimmel. Von Weitem hörte er den Wind heulen, bei jedem Luftzug froren sich die Eisstückchen in seinem Gesicht tiefer in die Haut – wie Nadelstiche.

Was war passiert? Ihm fehlte die Zeit. Wie viel Zeit? Er wusste es nicht. Das Letzte, an das er sich erinnerte, waren Farouk, Thomas und Frank, die dampfenden Spaghetti und die Bierflaschen auf dem Tisch.

Erst heute Abend waren sie mit ihren vollgepackten Rucksäcken in ihrer für drei Tage angemieteten Almhütte auf dem Wöllander Nock angekommen. Sie lag auf 1.950 Metern zwischen Gegendhtal und dem Bad Kleinkirchheimer Tal, inmitten der Kärntener Nockberge. Sogar die Geokoordinaten kannte Vincent. Er konnte sich Zahlen gut einprägen, eine seiner Stärken, die ihm im Mathestudium an der Uni München immer gewaltig weitergeholfen hatte. Doch was nutzten ihm *jetzt* geografische Kenntnisse und Koordinaten? Er hatte ja keinen Schimmer, wo er war. Einen Kompass und eine Karte hätte er bei diesem wilden Schneetreiben nicht lesen können. Furcht durchzuckte ihn, er bewegte seine fast gelähmte Zunge und schrie die Namen seiner Freunde heraus: »Farouk, Thomas, Frank, Hilfe! Hilfe!«

Sollte er nach vorne gehen, nach hinten, nach rechts oder nach links? Doch *wo* waren vorne und hinten? *Wo* rechts und *wo* links? Sollte er stehen bleiben und warten? Was erwartete ihn, wenn er ging? Er dachte an die steilen Abhänge, die er bei Tageslicht gesehen hatte. Er dachte an Schneelawinen und Wirbelstürme.

»Hilfe, hört mich denn niemand?« Keine Antwort. Er war völlig allein, musste sich erinnern, versuchte es mit all seiner verbliebenen Energie: Sie hatten auf den Bänken am Holztisch gesessen, Bier getrunken und darüber gesprochen, wie sie am nächsten Morgen den Gipfel erklimmen und von dort aus atemberaubende Fotos hatten machen wollen. Er hatte noch versucht, seine Mutter und seine Freundin Alina zu erreichen, hatte ihnen am Telefon erzählen wollen, wie sehr er sich freute, dass die Jungs ihn mitgenommen hatten und wie gut sich alle verstanden. Aber das Netz hier oben funktionierte nicht.

Noch vor Kurzem hatte er mit dieser Entwicklung nicht mehr gerechnet. Sie hatten Monate lang keinerlei Kontakt gehabt. Vincent hatte Scheiße gebaut, war nach einer Party mit Farouks Freundin Tessa abgestürzt. Er war fremd gegangen und schämte sich unfassbar dafür.

Tessa gestand es damals ihrem Freund. Der stellte Vincent zur Rede, brüllte ihn an und kündigte ihm für alle Zeit die Freundschaft. Auch Thomas und Frank zogen sich komplett zurück. Auf einen Brief an Farouk, in dem er sich entschuldigte und sich selbst verfluchte, erhielt er keine Antwort. Alina erfuhr von all dem nichts. Vincent wollte sie nicht verlieren, aber sein Gewissen quälte ihn jeden Tag, jede Stunde und Minute, die er mit ihr verbrachte. Oft grübelte er darüber nach, ob er es ihr nicht besser beichten solle. Doch er

171

wusste, es würde dann kein Verzeihen und kein Zurück mehr geben. Schließlich schrieb er in einem Internetforum für Frauen und bat um Hilfe. Auch hier pöbelte man ihn verachtend an. Aber die meisten der Userinnen rieten ihm, nichts zu sagen, um seine Freundin nicht zu verletzen. Das Forum war voll von betrogenen Mädchen, die das Fremdgehen ihrer Partner aus dem Leben geschmettert hatte. Manche hatten seit Wochen oder Monaten geheult und das wollte er Alina nicht antun. Da sollte er sich doch lieber selbst quälen und mit seinem Gewissen irgendwie klarkommen.

Natürlich bekam Alina mit, dass sich seine Freunde rar machten. Er klagte ihr oft sein Leid, denn er litt ja auch. Aber den wahren Grund dafür erfuhr sie nicht. Er sagte ihr immer, dass er sich das mit seinen Kumpels selbst alles nicht erklären könne. Alina tröstete ihn damit, dass die Drei wohl doch keine echten Freunde seien, wenn sie so mit ihm umgingen. Umso mehr freute sie sich mit ihm, als Farouk sich meldete und Vincent einlud, zusammen mit Frank und Thomas ein Wochenende auf der Alm zu verbringen. Sie spielten wieder ein paar Mal Fußball in der Halle und planten den Trip. Vincent erklärte sich diese Entwicklung damit, dass sie ihn wohl doch als guten Kollegen vermissten und Farouk sich wieder mit Tessa versöhnt hatte.

Vincent trat jetzt mit den Füßen, in denen er kaum noch etwas spürte, auf der Stelle. Auch die Handschuhe konnten seine Hände nicht mehr ausreichend vor der Kälte schützen.

Er zog sich seine Daunenjacke bis über die Nase und sog seinen eigenen warmen Atem wieder ein. Er schaute ausdruckslos in das schwarz-weiße Gestöber. Was war das denn jetzt? Wie aus dem Nichts sah er im Nachthimmel das unscharfe Bild von Oliver Kahn am Mikrofon. Sah er das wirklich? Was erlebte er hier für einen Flash? Halluzinierte er bereits? Vor Kälte und Erschöpfung? Wann hatte er den Filmriss erlitten? Und wieso verdammt noch mal war er allein? Wo waren die anderen? Er versuchte weiter, sich zu erinnern. Ein erschreckender Fetzen Erinnerung zischte durch sein Gehirn:

Thomas hatte vorhin ein Tütchen mit kleinen Papierstückchen, etwa halb so groß wie Briefmarken und mit Comic-Figuren bemalt, herausgekramt und auf den Tisch gelegt. Zuerst hatte Vincent nicht gewusst, was das war. Er hatte an ein Spiel gedacht, aber Thomas hatte ihn schnell eines Schlechteren belehrt. »Ich dachte, wir schmeißen uns heute zur Einstimmung ein paar Tickets«, hatte er gesagt und sich gefreut wie ein i-Männchen über seine Zuckertüte.

»Fett«, hatte Frank gegluckst, »ich habe mal wieder voll Bock auf einen Trip. Du bist doch dabei, Vince?« Als er realisiert hatte, dass es sich um LSD handelte, hatte er sofort wie automatisiert geantwortet: »Nein, nicht für mich. Da stehe ich nicht so drauf«, und sich gewundert, dass seine Freunde so ein Zeug nahmen. Sie mussten in den Monaten, in denen sie nicht mit ihm abgehangen hatten, auf den Trichter gekommen sein.

»Was geht mit euch ab?«

»Alter, ist doch nur Spaß, Babo. Du musst das mal ausprobieren. Du kriegst mega gute Laune«, hatte Farouk ihm geantwortet.

Vincent hielt nicht viel von Drogen, ab und an rauchte er mal einen Joint, nichts weiter. Die Anderen hatten auch nie was genommen, sie waren doch genauso Sportler wie er! Hätte er nicht diesen Streit mit den Jungs gehabt, er hätte die Pappe sicher abgelehnt. Aber er wollte seine Freunde nach all dem nicht enttäuschen, am wenigsten Farouk.

»Machen die abhängig?«

»Quatsch Alter, bleib mal gediegen, machen die überhaupt nicht, kannste einmal nehmen und nie wieder. Du nimmst Gustav Gans«, hatte Thomas gesagt und ihm den mit LSD durchtränkten Papierschnipsel zugeschoben. Nachdem sich die Anderen Donald Duck, Superman und Robin Hood auf die Zunge gelegt und gelutscht hatten, hatte Vincent Gustav Gans geschluckt. *Ziemlich bitteres Zeug!*

Weiter kam er nicht, das war das Letzte, an das sich Vincent erinnerte. Danach musste irgendetwas passiert sein. Für ein paar Augenblicke hatte er die Eiseskälte vergessen, jetzt kam sie mit der Wucht eines russischen Torpedos zurück. Der Schmerz wurde unerträglich. Sein ganzer Körper zitterte, kalter Schweiß stand ihm auf der Stirn. Er starrte in den Schnee. Was ist *das*? Für einen kurzen Moment erschien vor ihm ein See vor einer grünen Berglandschaft, davor drehte sich ein Glas frisches Bier. Eine Perle der Natur, dachte er, oder hörte er es? Dann sah er wieder in das schwarz-weiße Schneegestöber. Diese Bilder und Stimmen, die er vernahm, das mussten Flashes vom LSD-Trip sein. Er rief erneut nach seinen Kumpels: »Farouk, Thomas, Frank. Hört ihr mich? Ich bin hier! Hilfe!« Keine Antwort. Er konnte sicher nicht weit weg sein von der Hütte. Sie mussten ihn doch hören. Mussten? Oder mussten sie nicht? Oder *wollten* sie ihn vielleicht gar nicht hören? Vincent erstarrte nun auch innerlich, abscheuliche Gedanken lehrten seinem Geist das Fürchten. Was, wenn *sie* der Grund waren, warum er hier draußen stand? Hatte er Farouk nicht noch sagen hören: »Jetzt wirst du zu spüren kriegen, was du mir angetan hast, du Opfer!«

War die Idee, halluzinogene Drogen zu nehmen, eine

feige, inszenierte Falle? Hatten ihn seine Freunde im Schnee abgelegt, in den Bergen ausgesetzt, um ihn sterben zu lassen? Als er Gustav Gans geschluckt hatte … *Moment, Gustav Gans?* Vincent erinnerte sich an seine Kindheit. Gustav Gans, der Cousin und Rivale von Donald Duck. Der war doch auf Farouks Pappe gewesen? »Scheiße«, sagte Vincent laut. Es ist wahr! Es muss so sein! Spannte Gustav Donald nicht immer dessen Freundin Daisy aus? Wie konnte er so blöd sein? Wahrscheinlich hatten seine Freunde gar keine Drogen genommen. *Er* hatte das Pappstück mit dem LSD bekommen. Absichtlich untergeschoben, hinterhältig inszeniert, niederträchtig geplant! Was hatten die anderen auf ihren Papierstückchen gehabt? Robin Hood! Superman! Die Rächer der Betrogenen! Er war ein Mordopfer!

War da nicht auch ein langes Küchenmesser gewesen?

Er musste dem Schneegestöber entfliehen, raus aus dem sicheren Tod, niemand würde ihn finden, niemand würde ihn finden *wollen*. Das Schreien war so sinnlos wie sein absurder Gedanke, sein Fremdgehen rückgängig machen zu können. Sein Herz wollte vor Angst schneller schlagen, doch es klopfte langsamer, nicht aus Einsicht, sondern vor Kälte.

Alina stieß die Tür zu Vincents Zimmer auf. Mordskalter Wind schoss ihr entgegen, das Fenster stand offen, als wäre es durch eine Sperrangel fixiert. Sie sah ihren Freund auf der Couch liegen, schweißdurchtränkt, bibbernd und zuckend. Die Decke war ihm vom Sofa gerutscht. Sie erblickte die Wadenwickel, die sie ihm vorhin aufgelegt hatte. Frost hatte sich darauf gebildet. Vincent glotzte wie paralysiert mit geröteten und glasigen Augen auf den Fernsehbildschirm, der *nur* Schnee zeigte. Das Antennenkabel neben dem Sofa war halb aus der Wand gerissen.

»Vincent, was ist los? Du bist wohl verrückt geworden? Es ist mitten im Dezember, draußen sind es Minus zehn Grad. Warum ist das Fenster auf? Du hast 40 Grad Fieber, mein Gott.« Alina stürzte zum Fenster, schloss es, drehte den Heizkörper darunter voll auf. Vincent hustete. Sie zog die Wadenwickel von den Beinen ihres Freundes, nahm die Decke und wickelte ihn darin ein. Mit einem Taschentuch wischte sie ihm den gelben, fast festgefrorenen Rotz unter der Nase weg.

»Sie haben mich ausgesetzt im Schnee. Auf dem Berg. Ich erfriere, ich werde sterben! Ich bin Gustav Gans!«, krächzte Vincent.

»Was redest du denn da? Gustav Gans? Du fantasierst ja schon.« Sie legte ihre Hand auf seine Stirn und spürte die
177

heiße Glut. »Ich werde sofort Doktor Bergmann anrufen! Deine Temperatur ist gestiegen. Ich hätte dich nicht alleine lassen dürfen. Ich dachte, die Champions League würde dich ablenken. Jetzt starrst du hier verwirrt in ein Schwarz-Weiß-Bild. Man Vincent, was machst du nur, Schatz?«

»Es ist, es ist. Es tut mir so leid, dass ich dich so verletzt habe, Alina«, sagte Vincent.

»Vince, du hast mich nicht verletzt! Du bist krank, du halluzinierst, hast eine heftige Grippe, Fieberträume.« Sie nahm seinen Kopf hoch und drückte ihn fest, wollte ihn wärmen. Vincent stierte in das Schneegestöber auf dem TV-Bildschirm. Er konnte seinen Körper nicht spüren. Sein Blut war eingefroren.

»Scheiße, da liegt er, scheiße, scheiße, scheiße. Kommt her!«, rief Farouk. Er leuchtete mit einer Taschenlampe auf Vincents leblosen Körper, der, halb vom Schnee bedeckt, auf dem frostigen Boden lag. Zwei weitere Lichtkegel zeichneten sich auf Vincents vereister Daunenjacke ab. Es waren die flackernden Lichter der Taschenlampen von Frank und Thomas.

Frank blieb abrupt stehen, hielt sich die Hand vor den Mund. Thomas fiel vor Vincent im Schnee auf die Knie. Er schlug ihm mit der flachen Hand ins Gesicht. »Vincent, es tut mir leid! Wach auf! Wach bitte auf!« Farouk schob Vincents Daunenjacke an den Handgelenken hoch, er fühlte den Puls seines Freundes, er fühlte *keinen* Puls seines Freundes: »Er ist tot, er ist kälter als der ganze Schnee hier. Wir haben ihn umgebracht!«

»Das wollte ich nicht!«, schrie Frank. »Warum habt ihr ihm die Drogen gegeben? Wir hätten ihm mit dem Messer doch auch einfach so Angst einjagen können. Wir hätten das aufklären können, er wäre nicht voller Panik rausgerannt und erfroren. Wir wollten es ihm danach verzeihen, er war unser Freund, man!«

Nachspiel

Verwirrt? Nachdenklich? Gut unterhalten? Wenn Sie sich jetzt so fühlen, dann bin ich überaus zufrieden und dankbar, dass Sie mein Buch gelesen haben. Achten Sie doch in den nächsten Tagen selbst mal auf rote Hüte, cremefarbene Pappbecher oder Jungen mit lila Kapuzenpullovern! Sie werden erstaunt sein, wie oft Sie Ihnen begegnen. Und fragen Sie sich dann, ob das wirklich alles Zufall sein kann! Denn manchmal sind Zufall, selektive Wahrnehmung, Schicksal oder Vorhersehung kaum zu unterscheiden. So kann es Ihnen passieren, dass Sie einen realen *Mindfuck*, je nachdem, genießen oder erleiden können. Im Hier und Jetzt wünsche ich Ihnen natürlich nur positive *Mindfucks*. Für die Protagonisten in einem möglichen Folgeband der *Mindfuck Stories* kann ich Ihnen das nicht versprechen. Aber wir alle mögen ja den literarischen Schrecken! Gerne können Sie mir per E-Mail auch Fragen zum Buch stellen oder eine Kritik schreiben. Ich werde versuchen, Ihnen schnellstmöglich zu antworten und hoffe, ich bleibe in Ihrem Kopf!

Christian Hardinghaus

(hardinghaus@mindfuck-stories.de)

Danke an...

Anne von Proeck für Liebe und Korrektorat
die Familie für Unterstützung in jeglicher Hinsicht
Daniel Hopkins für Freundschaft und PR
Christina Kasperczyk für das Cover-Layout
Boris Weinrich für die künstlerischen Illustrationen
Opa Otto für seine Erzählungen von der Invasion in der
Normandie
Sandra Henke (Laura Wulff) für den Zuspruch des Profis
Hammed Khamis und das fantastische Berlin
Andreas Neuhaus und die inspirative Insel Norderney
Sarah Neuhaus, Anke Meyerhoff und *Caroline Bussmann*
für das Probelesen
die ganze Osnabrücker *Hasemannschaft* für 20 Jahre
Freundschaft und für das Buch inspirierende Schoten
David Lynch für *Mulholland Drive*

In Memory of *Professor Wolfgang Becker* (R.I.P.)
und den Studiengang Medien (Film und TV) der
Universität Osnabrück.

Zeichnung: Boris Weinrich, drpimpslab.com, 2013.

Hörspiel Coming Soon!